新形式対応

TOEIC® L&R TEST 200問音読特急 瞬発力をつける

駒井亜紀子

JN021206

朝日新聞出版

編集協力 ─────────── 渡邉真理子
Randy Grace
Rob Arimoto
株式会社 Globee

録音協力 ─────────── 英語教育協議会 (ELEC)
東健一
Emma Howard 🏴
Howard Colefield 🇺🇸
StuartO 🏴
Carolyn Miller 🇨🇦

もくじ

「もっとリスニングのスコアを上げたいのですが どうしたらいいですか」

この質問をよくされます。

リスニングのスコアを上げたいのであれば、当然、リスニング力を伸ばす必要があります。そこで、私は聞き返します。

「最後に英語を聞いたのはいつですか」と。

「いつか思い出せません」と言うならば、「では、まずは毎日英語を聞きましょう！」とアドバイスします。拍子抜けするようなアドバイスですが、泳げるようになりたい人が、「水に浸かりたくない」と言えば、「まずは水に浸かることから始めようよ」と皆さんもアドバイスしますよね。それと同じで、英語を聞けるようになりたいにもかかわらず「英語を聞きたくない」というのでは、さすがにどうしようもできません。

一方、「今日、英語を既に聞きました」と答えた人には、「聞き取れない英文があった場合どうしていますか？」と尋ねます。それに対し、「スクリプト（英文の台本）を確認します」とだけ答える人が多く、具体的な対策をしている人は少ない印象です。

スクリプトを確認するという作業でいけるフェーズは「英語がわかる（理解できる）」という段階までで、残念ながら「英語が聞き取れる」というフェーズには連れていってはくれません。

この「わかる」と「できる（聞き取れる）」の違いを意識しておくことが必要です。リスニング力をアップさせるには、「ス

クリプトがわかる」でストップしてはいけません。

また、「何回も英文を聞いていれば、いずれ聞き取れるようになるでしょ？」と思っている人も多いですし、確かに間違ってはいません。

ただ、「いずれ」を待っていては時間が勿体ないですよね。「できればすぐにでも聞き取れるようになりたい」と思うのが本当の学習者の望みだと思います。

そこで強くご提案したいのは、"より積極的に脳が英語をキャッチするようにアプローチする方法"です。それが「音読」です。（音読の効用については「TOEIC® L&R 音読特急」にかなり詳しく書いています！ぜひご参照ください！）

人は、自分が何度も口に出したことのある言葉は簡単に聞き取れます。例えば自分の名前を誰かが口にしたら、一瞬で聞き取れますよね。自分の携帯電話の11桁の番号も、適当に羅列した番号よりも難なく聞き取れるはずです。

このように、馴染みのある言葉は聞き取りやすく、自分が日頃使っている言葉であれば、更に聞き取ることはラクになります。

「馴染みのある言葉」にするために、"他人の言葉"として素通りする感覚で聞き流してしまわないように、"自分の言葉"に変えていくトレーニングをしていきましょう。そのトレーニングこそが『音読』です。自分の口から英語を発する練習をすることで、今までの英文の聞き取り易さがグッと加速します。

本書は、TOEIC のエッセンスが詰まった100例文が入ったパート2の問題を解いていただき、その後、その100例文を"自分の言葉"としてインプットできる仕組みになっています。TOEIC テストで頻出する単語やフレーズが沢山盛り込まれた例文を、毎日30回音読をする中で、自然と単語やフレーズが覚えられる内容です。

そして、最後にもう一度、類似問題を解いていただき、"インプット"した内容の習熟度を測ります。

　聞き取れない英文は自分と距離が遠い言葉ということ。

　それらの言葉を自分の方向に引き寄せて、"自分の言葉"になるよう、毎日毎日英文を聞きながら、そして言葉に魂を宿し、自分の気持ちを乗せて音読しましょう。

　毎日音読すれば、必ず変化が起こります。

　身体と脳は自分の声に反応します。

　自分自身の可能性を信じ、最後まで突き進みましょう。

　応援しています！

 駒井 亜紀子

パート2

トレーニングを
始める前に

こだわりのトレーニング

🚃 1文丸ごと音読

　英語学習にとって、自分の目、口、耳をフルに使う「音読」の効果ははかりしれません。さまざまな音読トレーニングのなかでも、**「理解の瞬発力」を最大限に向上させるトレーニング**が「**1文丸ごと音読**」です。

　本書は、**TOEICのパート2を教材としたリスニング力養成本**です。前著の「音読特急」で扱ったパート3・パート4では、意味の区切りにスラッシュを引き、1文が長くなりがちで内容も複雑な文をあえて小分けにして理解するという音読トレーニングを行いました。

　一方、**パート2では、「丸ごと・一気に」理解できるような瞬発力が求められます**。つまり、1文を「一言フレーズ」のように理解することが必要なのです。決して、文脈を小分けにして追っていくようなプロセスで理解するのではないため、音読も「丸ごと・一気に」を意識して練習する必要があります。

　たとえ初めは難しく感じても、「丸ごと・一気に」言えるかどうかにこだわってみてください。もし、音読でつまずく文があれば、それはまだ「自分の言葉」になっていない証拠です。脳が言葉の処理に追いついていないのです。

　自分がそのセリフの話者として、スムーズによどみなく言えるまで練習しましょう。パート2を使った「1文丸ごと音読」トレーニングでは、**最強のパート2対策**になることはもちろん、どのリスニングパートにも応用できる**「理解の瞬発力」**をつけることができます！

🚃 暗唱できるまで音読

　「自分の言葉として言えるように」と暗唱を促すと、「同じ文がテストで出るわけじゃないのに、覚える必要性ってありますか？」と聞かれる場合があります。確かにテストで同じ文がそのまま出題される可能性は非常に低いです。

　しかし、「同じような文」なら出てくる可能性は非常に高いのです。

　例えば、① Would you like me to send the document by e-mail?（その資料をメールで送りましょうか）という文を暗唱したとしましょう。

　でも、テストには、② Would you like me to book the conference room?（会議室を予約しましょうか）という文が出たとします。

　①と②の文は全く同じ文ではありませんが、「同じような文」ですよね。きっと①の文を暗唱した人は Would you like me to の出だし部分は余裕をもって聞き取れているはずです。そのため、to 以下の内容を「待つ」くらいの若干の余裕が生まれ、to 以降の内容をしっかり聞き取れるようになります。

　「英文のスピードについていけません」と言う人は、この余裕がないのです。一つ一つの単語を追いかけるのが精一杯で、内容にまで頭が回りません。一方、1文丸ごと音読をしてきた人は、たとえ出題された文が同じ文でなくても、**暗唱部分と同じ表現を用いた文であれば、そこを大きなカタマリで理解でき、内容理解に圧倒的な余裕が生まれます**。

　皆さんがここで音読する文は、テストのどこかで使われる単語・フレーズを含んでいます（実を言うと、この原稿を書いている最中、TOEIC のテストでこの原稿に書いたものとそっくり同じ文が出題され、かなり驚きました）。

　ぜひ貪欲に、迷うことなく音読に専念してください！

🚃 ディクテーションをしない理由

パート3やパート4の「音読特急」では、ディクテーション（聞いた英文を紙に書き取る作業）を含んでいますが、本書のパート2のトレーニングにはありません。

パート3やパート4では、1単語をブツ切れの状態で聞き取っても、それが内容理解につながるケースがあります。例えば、appointment（予約）／patient（患者）／prescription（処方箋）のような単語が聞こえたら、その話をしている場所は「病院」だと推測でき、Where most likely are the speakers?（話し手たちはどこにいると考えられますか）のような質問に答えることができます。

そのため、1単語だけ聞き取れるメリットも大きく、単語を聞き取れているかどうかを試すディクテーションのトレーニング効果は高くなると言えます。

しかし、**パート2の場合はあくまでも1文勝負です**。1文丸ごと聞き取れているか、1文丸ごと理解できているかを試すテストであり、1単語だけ聞き取れれば正解が出せるパートでありません。

例えば、Part 2の質問文で、patient（患者）やappointment（予約）だけ聞き取れていたとしましょう。でも、その質問文は、What time did the patient have an appointment?（何時にその患者は予約をしていたのですか）かもしれませんし、Why was the patient late for the appointment?（なぜその患者は予約に遅れたのですか）かもしれません。

要するに「単語がいくつか聞き取れた」だけでは太刀打ちできないのがパート2なのです。

もちろん、What time（何時）という冒頭の単語だけが聞こえ、運良く、Around ten o'clock.（10時頃です）のような選択肢があれば、簡単に正解できます。そのため、初級者レベル

の問題をクリアするのであれば、「冒頭だけを聞き取る⇨答えを選定する」という手順も有効です。常に質問文の冒頭は聞き取れるように訓練し、「応答で使われる単語や返答パターン（19ページ参照）」もしっかり頭に入れておくといいでしょう。

しかし、「冒頭だけはしっかり聞き取る！」という意識から卒業し、「文単位で理解する！」ということが必要な段階は、遅かれ早かれ必ず訪れます。**特に初級者から中級者への階段を登ろうとしている方は、「冒頭だけ聞き取ろう」という意識は捨てましょう。**

では、「1文丸ごとディクテーションをやるのはどう？」と思うかもしれませんが、そうすると、「この a が聞き取れない」「この the が聞き取れない」と、あまりにも細かい部分に目を向けてしまう人がいます。

そもそもパート2は、詳細部分を聞き取ろうとすると全体像が見えなくなり、意味がとらえられません。絵画にグッと顔を寄せると、「ここは黒で塗ってある」とわかるだけで全体像は把握できませんよね。一歩下がって、全体像を視野に入れることで「黒い部分は少女の瞳の部分だ」と理解できるのです。

パート2はあくまでも"1文1本勝負"なので、一歩下がって視野を広くし、"全体像を眺める感覚で聞く"、それができるようになるためには、"全体像である1文を丸々言えるようにする"ということが非常に効果的なトレーニングなのです！本書では「穴埋め音読」というトレーニングを組み込んでいますが、決してディクテーションをすることが目的ではなく、あくまでも「1文丸ごと音読」を手助けするためのものです。

「穴埋め」に意識を向けるのではなく、「穴を埋めながら1文丸ごと音読をする」を徹底しましょう。

音読する時の絶対ルール

ルールその1 音を聞く

まずは何度も音声を聞き、1つ1つの単語の発音、文のリズムや抑揚を確認しましょう。強めに読む部分には下線を引いたり、本書にメモをするなどして、「音読の準備」を整えます。

ルールその2 音を真似る

自己流の音読では絶対NG！よく音を聞き、単語の発音・文のリズムをしっかり真似しましょう。正しい音を真似て"正しい音声データ"を脳にストックします。

ルールその3 文の意味と構成を理解する

しっかり単語の意味を理解し、できれば文法や構文まで理解して読むのが理想です。意味のわからぬ呪文を唱えてはいけません。

ルールその4 その場面や状況をイメージする

そのセリフがどんな状況で発せられたセリフかをイメージしましょう。場面を想像しないと正しい言葉が出てきません。言葉と場面のイメージは常にセットです。

ルールその5 魂を宿す

人の言葉をなぞるのではなく「自分の言葉」として、音読しましょう。話している相手は誰なのか、嬉しいのか、ワクワクしているのか。感情を言葉に乗せましょう。

トレーニングの流れ

問題演習　各5問×20セット 合計100問

　初めに、TOEICパート2の問題演習をします。問題を解き、答え合わせをしっかりしましょう。

音読トレーニング　計30回

STEP 1　リピート音読5回

　音読用スクリプトを見ながら、音声のあとに続いて質問文と応答文をそれぞれリピートしましょう。

STEP 2　穴埋め音読5回　リピート練習

　穴埋め音読用スクリプトを見ながら、空所を埋めるように音読します。音声のあとに続いて、質問文と応答文をそれぞれリピートしましょう。

STEP 3　穴埋め音読5回　なりきり練習

　穴埋め音読用スクリプトを見ながら、問題番号の音声のあとに質問文を言いましょう。リピート練習ではありません。皆さんが質問文を言い終わったタイミングで応答文が流れ、皆さんが話者になりきって、本当に誰かに質問している雰囲気を味わえます。

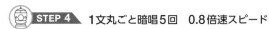

STEP 4　1文丸ごと暗唱5回　0.8倍速スピード

　通常スピードよりも速度を落とした音声（0.8倍速）のあとに続いて、質問文と応答文を何も見ずに、それぞれリピートしましょう。

STEP 5　1文丸ごと暗唱10回　通常スピード

　通常スピードの音声のあとに続いて、質問文と応答文を何も見ずに、それぞれリピートしましょう。

仕上げの問題演習　100問

　全てのトレーニングを終えた後、再び問題を解いていただきます。
　ここで解く問題の質問文は、皆さんが音読した例文と同じですが、選択肢は最初の問題演習とは異なります。
　音読でしっかり身につけた文を理解できるのか、再度挑戦していただきます！

まとめの音読　100文

　最後に、仕上げの問題演習で出題された100問の質問文と応答文を、音読用スクリプトを見ながら、自分のペースで毎日リピート音読しましょう。

第1章
WH 疑問文

30問

さぁ、始めよう！
音読で英語力、
上げていこう！

WH 疑問文

WH 疑問文とは、疑問詞から始まる疑問文です。
疑問詞には、以下のような単語があります。

What (何が・何を)　　**Who** (誰が)
When (いつ)　　　　　**Where** (どこに)
Why (なぜ)　　　　　　**Which** (どれが・どの)
How (どのように)

 文のカタチ

その1：疑問詞＋普通の疑問文

疑問詞の後ろに、普通の疑問文を置いて文を作ります。

Where ＋ will you take the client for dinner?
(疑問詞)　　　　　(普通の疑問文)

質問文　　Where will you take the client for dinner?
どこに夕食へ顧客をお連れする予定ですか。

直接的な応答文　　Somewhere downtown.
市内のどこかです。

間接的な応答文　　They are leaving before dinner.
彼らは夕食前にここを出発する予定です。

その2：主語（疑問詞）＋動詞〜 🔊 2

疑問詞自体が主語の役割をしています。

> **Who + can bring + the package 〜 ?**
> 　（主語）　　（動詞）　　　（目的語）

質問文　Who can bring the package to the post office?
誰がこの小包を郵便局へ持っていけますか。

直接的な応答文　My assistant, Olivia, is available now.
私のアシスタントの Olivia が手が空いています。

間接的な応答文　Do you need it done right away?
すぐにやらなければいけませんか。

その3：主語（疑問詞＆名詞）＋動詞〜 🔊 3

疑問詞と名詞で主語の役割を果たしています。

> **Which team + had + the highest sales results?**
> 　（主語）　　（動詞）　　　（目的語）

質問文　Which team had the highest sales results?
どのチームが、販売実績が最も高かったのですか。

直接的な応答文　Jonathan's team.
Jonathan のチームです。

間接的な応答文　The manager is still going over the data.
マネージャーがまだデータを調べています。

WH疑問文の聞き取りのポイント

🚆 WH疑問文は、Yes/No では応答できません。

What color do you like? (何色が好きですか) と聞かれ、× Yes, I like red. (はい、私は赤が好きです) のように、Yes と返答できません。文頭に疑問詞がある問題は、選択肢に Yes/No があったら、正解候補から外しましょう。

🚆 初級者へのアドバイス

最初の疑問詞を聞き取るように集中しましょう。パート2で最も簡単なのはこの WH 疑問文の質問タイプです。最初の疑問詞を聞き取り、基本応答が選べれば正解になる問題もあるため、次ページの基本応答パターンをまずは頭に入れましょう。

🚆 中級者・上級者へのアドバイス

疑問詞の後に続く内容に集中しましょう。疑問詞の後ろに疑問文が続くのか、もしくは動詞が続くのかを強く意識し、文構造をしっかりとらえます。しっかり集中力を保ったまま、最後まで丸ごと聞き取りましょう。

また、質問文を聞き取ったあとは、どのような返答パターンがあるかを自分なりに想像しながら選択肢の音声が流れてくるのを待てると、解答を選ぶのに余裕を持つことができます。

🚌 それぞれのWH疑問文に対する基本応答パターン

疑問詞		基本応答パターン
When	時	now (今)　tomorrow (明日) afternoon (午後)
	月や季節	In **May**. (5月に)　In **spring**. (春に)
	数字	At **ten** o'clock. (10時に) In **two** hours. (2時間後に)
	前置詞 (時・日を表す)	**By** four o'clock. (4時までに) **Not until** next week. (来週までありません)
Where	場所	At the **station**. (駅で)
	道案内	Just down the street. (この道をまっすぐ行ったところです)
	前置詞 (場所を表す)	**In** the clinic. (クリニックで) **On** the shelf. (棚の上に) **Under** the table. (テーブルの下に)
Who	人の名前	**John** did. (John がしました)
	部署	Someone in the **HR department**. (人事部の人です) **The accounting department** team. (経理部のチームです)
	職業や役職	The **accountant** will come soon. (会計士がすぐに来ます) You should ask your **manager**. (マネージャーに聞くべきです)
Why	Because	**Because** I have to finish my report. (報告書を終わらせる必要があるからです)
	To	**To** finish my report. (報告書を終わらせるためです)

🚌 疑問詞 How の使い方とその応答パターン例

How（手段）	By bus.（バスで）※移動手段
How often（頻度）	Twice a week.（1週間に2度）
How many（数）	Ten people.（10人）
How much（価格・量／程度）	It's five dollars per person. （一人あたり5ドルです）

WH 疑問文　その1

問題を解きましょう。

1. Mark your answer on your answer sheet. ◀4

2. Mark your answer on your answer sheet. ◀5

3. Mark your answer on your answer sheet. ◀6

4. Mark your answer on your answer sheet. ◀7

5. Mark your answer on your answer sheet. ◀8

1. 正解 (B)

(4) Where are the office supplies stored?

事務用品はどこに保管していますか。

(A) All of the drawers are open.

全ての引き出しが開いています。

(B) In that cabinet.

あの戸棚の中です。

(C) That store was closed yesterday.

昨日、あのお店は閉まっていました。

語彙 □ **office supplies** 事務用品（複数形で用いる）
□ **drawer** 引き出し

「どこ？」と「場所」を問われていることを強く意識しよう。(The office supplies are stored) in that cabinet. という文のカッコ部分が省略された応答になっている。場所を表す前置詞 in (〜の中) を使って答えるのは基本応答パターン。

2. 正解 (C)

(5) What topics were covered in the morning session?

午前の部では、どんな話題が扱われたのですか。

(A) We need more tables for the participants.

出席者のためにもっとテーブルが必要です。

(B) About 50 people.

約50人です。

(C) This document contains all the information.

この資料に全ての情報が載っています。

⊠ 語彙　　□ **cover** 扱う　□ **contain** 含む

　この質問文はWhat topics（どんな話題が）の部分が主語になっている点に注意が必要。具体的に「このような話題を扱った」と直接的に答えているわけではなく、「この資料に扱った全ての情報が載っているので見ればわかります」という遠回しの応答になっている。

3.　正解(A) 🚄

🔈6　When are you supposed to go on your
🇺🇸　business trip?
🇨🇦　いつ出張に行く予定になっていますか。

(A) I'll leave for Chicago this Wednesday.

今週の水曜日にシカゴに出発します。

(B) They're invited to the reception tonight.

彼らは今夜、歓迎会に招待されています。

(C) Sure, we're really excited.

もちろん、とても楽しみです。

⊠ 語彙　　□ **be supposed to 〜**　〜することになっている
　　　　　□ **leave for 〜**　〜に向けて出発する
　　　　　□ **reception**　歓迎会

　まず冒頭のWhenを絶対に聞き逃してはいけない。そのWhenと、解答(A)のthis Wednesdayだけ聞き取れれば、十分正解が可能な易しい問題。しかし、(B)のtonightだけ

で判断すると間違えてしまうので、しっかり全体を聞き取ろう。(C)のSure (もちろん) は、WH疑問文とマッチしない。Sureは何か頼まれた時の応答の仕方であることが多い。

4. 正解 (B)

(7) Who's responsible for organizing the monthly luncheon?

誰が月1回の昼食会を企画する担当ですか。

(A) Probably from a local restaurant.

おそらく地元のレストランからです。

(B) It's not my turn.

私の番ではありません。

(C) I'd love to attend.

出席したいです。

語彙　□ **be responsible for ~**　~に責任がある
　　　□ **luncheon**　昼食会
　　　□ **local**　地元の

Who (誰が) に対する基本的な応答は、"人の名前・部署・職業や役職"で答えるというもの。ここでは、「自分の番ではない」と答え、明確な応答ではないが会話は成立するため(B)が正解。(C)は「(昼食会に)出席したい」という意図は受け取れるが、質問に対する応答にはなっていない。

5. 正解 (C)

(8) Why did Mr. Stephane resign from the company?

なぜ Stephane さんは会社を辞めたのですか。

(A) Yes, he has a lot of things to do.

はい、彼はやることが沢山あります。

(B) Traffic congestion.

交通渋滞です。

(C) Because he's moving to another city.

他の都市に引っ越すからです。

語彙 □ **resign from 〜** 〜を辞める

　Why (なぜ) に対する基本的な応答は、Because … (〜であるためです) や To … (〜するためです) の2パターンがある。Why を使った問題で、選択肢に Because や To があればそれが正解になる率が非常に高い。この場合も、Why と Because さえ聞き取れれば解答できる易しい問題。(A) の回答は Yes から始まっており、WH疑問文では Yes/No では応答できないので即消去しよう。

1.

質問文 Where are the office supplies stored?

応答文 In that cabinet.

2.

質問文 What topics were covered in the morning session?

応答文 This document contains all the information.

3.

質問文 When are you supposed to go on your business trip?

応答文 I'll leave for Chicago this Wednesday.

4.

質問文 Who's responsible for organizing the monthly luncheon?

応答文 It's not my turn.

5.

質問文 Why did Mr. Stephane resign from the company?

応答文 Because he's moving to another city.

1. Where are の部分はウェア・アーと区切って読むのではなく、ウェアァーと一気に読みましょう。office supplies は「事務用品」という複合名詞です。音読しながら頭に刷り込んでおきましょう。

2. What topics の部分が、「どんな話題が」と主語の働きをしており、その後ろに be 動詞が続き、受動態になっている点を意識しましょう。また、What topics の What の t は脱落し、ワットピックスのように発音します。ワット・トピックスと読まないように気をつけましょう。

3. When are you の部分はつながって、ウェナーユーのように発音します。また、supposed to の部分は、ed の音は脱落し、サポーストゥのように言いましょう。サポーズド・トゥのように言ってしまうとリズムが崩れてしまいます。

4. responsible の発音記号は【rispánsəbəl】で、リスパンサボーのように発音します。be responsible for ～ （～に責任がある）のカタマリと、後ろに続く動名詞を意識しましょう。

5. resign from ～ （～を辞める）のカタマリを意識しましょう。また、moving to ～ （～へ引っ越す）のカタマリも意識しましょう。moving の g は飲み込むように発音するため、音としてほとんど発さずに、ムービンのように言いましょう。

なりきり 0.8
(9) (10) (11)

1.
質問文 ----- are the ----- ----- stored?

応答文 In that -----.

2.
質問文 ----- ----- were ----- in the morning session?

応答文 This document ----- all the information.

3.
質問文 ----- are you ----- to ----- ----- your business trip?

応答文 I'll ----- ----- Chicago this Wednesday.

4.
質問文 ----- ----- ----- organizing the ----- luncheon?

応答文 It's not ----- -----.

5.
質問文 ----- did Mr. Stephane ----- ----- the company?

応答文 ----- he's ----- ----- another city.

STEP 1　リピート音読5回

　音読用スクリプトを見ながら、音声のあとに続いて質問文と応答文をそれぞれリピートしましょう。　**5回**

1	2	3	4	5

STEP 2　穴埋め音読5回　リピート音読

　穴埋め音読用スクリプトを見て、空所を埋めながら音読します。音声のあとに続いて、質問文と応答文をそれぞれリピートしましょう。　**5回**

1	2	3	4	5

STEP 3　穴埋め音読5回　なりきり音読

　穴埋め音読用スクリプトを見て、空所を埋めながら音読します。問題番号の音声のあとに続いて、質問文を言いましょう。リピート練習ではありません。　**5回**

1	2	3	4	5

STEP 4　1文丸ごと暗唱5回　0.8倍速スピード

　何も見ずに、音声のあとに続いて、質問文と応答文をそれぞれリピートしましょう。　**5回**

1	2	3	4	5

STEP 5　1文丸ごと暗唱10回　普通スピード

　何も見ずに、音声のあとに続いて、質問文と応答文をそれぞれリピートしましょう。　**10回**

1	2	3	4	5
6	7	8	9	10

計30回 達成!! 頑張りました!　　日付　　／

WH 疑問文　その2

問題を解きましょう。

6. Mark your answer on your answer sheet.　　🔊12

7. Mark your answer on your answer sheet.　　🔊13

8. Mark your answer on your answer sheet.　　🔊14

9. Mark your answer on your answer sheet.　　🔊15

10. Mark your answer on your answer sheet.　　🔊16

6. 　正解 (C)

(◀12)
▮◆▮
How many candidates applied for the secretary position?

🇺🇸 何人の志願者が秘書の仕事に応募しましたか。

(A) Ms. Connor worked overtime yesterday.

Connor さんは、昨日残業しました。

(B) Let's go to the trade show this weekend.

今週末、展示会へ行きましょう。

(C) The job ad won't be posted until next week.

来週まで、その求人広告は掲載されません。

❌ 語彙　□ **candidate** 志願者
　　　　□ **apply for ～** ～に応募する
　　　　□ **secretary** 秘書　□ **trade show** 展示会
　　　　□ **job ad** 求人広告　□ **post** 掲載する

〈How many ＋複数名詞：～は何人いますか (いくつありますか)〉は数を尋ねる時に用いる。ここでは、志願者の数を答えているのではなく、「そもそも求人広告はまだ掲載されていない (だから人数は答えられない)」と伝えている (C)が正解。

7. 　正解 (B)

(◀13)
Which branch will Mr. Lopes transfer to?

🇬🇧 Lopes さんはどの支店へ異動するのですか。

(A) I think he'll do an excellent job.

彼なら素晴らしい仕事をしてくれると思います。

(B) The new branch in Korea.

韓国の新しい支店です。

(C) The work will begin next week.

その仕事は来週から始まります。

⊠ 語彙　□ **branch**　支店

□ **transfer to ～**　～へ異動する

〈Which branch + 疑問文（will + 主語 + 動詞）〉を意識しよう。「どの支店へ異動するのか」と尋ねていて、直接的に「韓国の新しい支店」と答えている (B) が正解。この場合、to や at のような前置詞などは必要なく、名詞句で答えられる点もおさえておこう。

8.　正解 (B)

🔊14　Where should we assemble the shelf?

🇨🇦🇦🇺　棚をどこに組み立てましょうか。

(A) The form on the Web site.

ウェブサイト上にあるフォームです。

(B) Let's tidy up the room first.

まずは部屋を片付けましょう。

(C) It will take about one hour.

約1時間かかるでしょう。

⊠ 語彙　□ **assemble**　組み立てる

□ **tidy up**　片付ける

棚を組み立てる場所を聞かれ、散らかった部屋では棚が組み立てられないので、「部屋を片付けてから、棚を組み立て

よう」と提案している(B)が正解。(A)の場合は、on the Web site (ウェブサイト上にある) と場所に関して答えてはいるが、適切な返答になっていない。

9. 正解 (A)

(15) What are the requirements for the position?

この職に必要な要件は何ですか。

(A) Computer programming skills.

コンピュータープログラミングのスキルです。

(B) We completed a survey.

私たちはアンケートを完了しました。

(C) They just started working here.

彼らは丁度ここで働き始めました。

語彙 □ **requirement** 要件 □ **position** 職
□ **complete** 完了させる
□ **survey** アンケート

職に就くのに必要な要件を聞き、「コンピュータープログラミングのスキルです」と答えている(A)が正解。このようにWhat (何が・何を) で聞かれた質問には、inやwithのような前置詞は置かず、名詞句だけで応答できる点をおさえておこう。

10. 正解 (C) 🎙️

(16) When will our new ad campaign be launched?

🇬🇧🇨🇦 我々の新しい広告キャンペーンはいつ始まりますか。

(A) She got a promotion.

彼女は昇進しました。

(B) We'll offer a twenty percent discount.

私たちは20パーセントの割引を提供します。

(C) Not until next month.

来月まで始まりません。

語彙
- □ **ad** 広告
- □ **launch** 始める
- □ **get a promotion** 昇進する
- □ **offer** 提供する

　When (いつ) を聞き取り、(C) の Not until… の部分を聞き取るだけで正解できる易しい問題。基本応答パターンの1つとして When (いつ) と尋ねられたら Not until… と答えられることを覚えておこう。new ad campaign (新しい広告キャンペーン) と聞いて、promotion (宣伝) を想像して (A) を選ばないように注意が必要。ここでの promotion は「宣伝」ではなく「昇進」の意味で使われている。

6.

質問文 How many candidates applied for the secretary position?

応答文 The job ad won't be posted until next week.

7.

質問文 Which branch will Mr. Lopes transfer to?

応答文 The new branch in Korea.

8.

質問文 Where should we assemble the shelf?

応答文 Let's tidy up the room first.

9.

質問文 What are the requirements for the position?

応答文 Computer programming skills.

10.

質問文 When will our new ad campaign be launched?

応答文 Not until next month.

6. How many candidates の部分が「何人の志願者が」と主語になり、後ろには動詞 applied が続いている点を意識しましょう。won't の t は脱落し、won't be はウォンッビーのように発音しましょう。

7. Which branch は「どの支店」を意味するカタマリです。その後ろには普通の疑問文が続いている点を意識しましょう。transfer to ～（～へ異動する）というカタマリも意識しましょう。この to は弱く発音します。

8. should の d は脱落するため、should we はシュッウィーのように発音しましょう。assemble の発音記号は【əsémbl】です。アッセンブルといわず、アッセンボゥのように発音しましょう。

9. What are の部分はつながってワラーのようにスムーズに発音しましょう。What are the requirements for ～（～に必要な要件は何ですか）という大きなカタマリを意識できるといいですね。

10. will はウィゥのように l の部分を濁すように発音しましょう。ウィルとハッキリ言ってしまうとリズムが崩れます。launched の原形 launch の発音は【lɔntʃ】で、ロンチのように発音します。

なりきり　0.8
(17) (18) (19)

6.

質問文 How many ----- ----- ----- the secretary position?

応答文 The job ad won't be ----- ----- next week.

7.

質問文 Which ----- will Mr. Lopes ----- -----?

応答文 The new ----- in Korea.

8.

質問文 Where should we ----- the shelf?

応答文 Let's ----- ----- the room first.

9.

質問文 ----- are the ----- ----- the -----?

応答文 Computer programming -----.

10.

質問文 When will our new ----- campaign be -----?

応答文 ----- ----- next month.

STEP 1　リピート音読5回

音読用スクリプトを見ながら、音声のあとに続いて質問文と応答文をそれぞれリピートしましょう。　**5回**

1	2	3	4	5	

STEP 2　穴埋め音読5回　リピート音読

穴埋め音読用スクリプトを見て、空所を埋めながら音読します。音声のあとに続いて、質問文と応答文をそれぞれリピートしましょう。　**5回**

1	2	3	4	5

STEP 3　穴埋め音読5回　なりきり音読

穴埋め音読用スクリプトを見て、空所を埋めながら音読します。問題番号の音声のあとに続いて、質問文を言いましょう。リピート練習ではありません。　**5回**

1	2	3	4	5

STEP 4　1文丸ごと暗唱5回　0.8倍速スピード

何も見ずに、音声のあとに続いて、質問文と応答文をそれぞれリピートしましょう。　**5回**

1	2	3	4	5

STEP 5　1文丸ごと暗唱10回　普通スピード

何も見ずに、音声のあとに続いて、質問文と応答文をそれぞれリピートしましょう。　**10回**

1	2	3	4	5
6	7	8	9	10

計30回 達成!! 頑張りました!　｜　日付　　／

WH 疑問文　その3

問題を解きましょう。

11. Mark your answer on your answer sheet. 🔊20

12. Mark your answer on your answer sheet. 🔊21

13. Mark your answer on your answer sheet. 🔊22

14. Mark your answer on your answer sheet. 🔊23

15. Mark your answer on your answer sheet. 🔊24

11. 正解 (A)

(◀20) Who should I give the expense report to?

🇨🇦🇦🇺 誰に経費報告書を渡せばいいですか。

(A) Please give it to your manager.
あなたのマネージャーに渡してください。

(B) I'd like to exchange this bag.
このカバンを交換したいです。

(C) The show will start in ten minutes.
ショーは10分後に始まります。

語彙 □ **expense** 経費　□ **exchange** 交換する

〈疑問詞Who＋疑問文(should＋主語＋動詞)〉の形を意識しよう。この質問文では〈give A to B：AをBに与える〉のBの部分を問うために、疑問詞Whoを前に出して尋ねている。Who(誰)と聞かれ、基本応答パターンの1つである役職(この場合はmanager)で答えている(A)が正解。

12. 正解 (C)

(◀21) Why was the budget meeting postponed?

🇺🇸🇨🇦 なぜ予算会議が延期になったのですか。

(A) I'm not sure he's coming.
彼が来るかわかりません。

(B) Until noon.
正午までです。

(C) Didn't you receive the e-mail?
メールを受け取りませんでしたか。

予算会議が延期になった理由を尋ね、それに対し、「メールを受け取りませんでしたか」と聞き返している (C) が正解。この応答では、「メールにその理由が書いてあった」ということを示唆している。質問文の postpone (延期する) だけ聞き取ると、「いつまで (延期する)」と答えたくなるが、ここでは延期の理由について聞いているため、(B) は不正解。

13.　正解 (A)

(22) How much will it cost to repair the machine?

機械を修理するのはいくらかかりますか。

(A) Around 500 dollars, I think.

約500ドルだと思います。

(B) The parts will be delivered this afternoon.

部品は今日の午後に届く予定です。

(C) There are some tools in that box.

あの箱の中に道具が入ってます。

修理にかかる費用を尋ね、その値段を「約500ドルだと思う」と明確に金額を答えている (A) が正解。How much will it cost to〜 (〜するのにいくらかかりますか) は費用を尋ねるときの典型フレーズ。そして、その基本応答パターンの1つとしては「数字で返答する」ということを覚えておこう。

14. 正解 (B)

(23) Which hotel did you stay at during your business trip?

出張中、どのホテルに滞在したのですか。

(A) I'll chose a smaller one.

小さい方を選びます。

(B) It was a day trip.

日帰り出張でした。

(C) On a weekly basis.

週1回のペースで。

🔶 語彙　□ **during** 〜の間
　　　　□ **a day trip** 日帰り出張

　出張中にホテルに滞在したことを前提として、「どのホテルに滞在したのか」と尋ねているが、日帰り出張だったので宿泊の必要がなかった旨を伝えている(B)が正解。(C)は How often 〜?（どのくらいの頻度で〜ですか）のように、頻度を尋ねられた時の応答。

15. 正解 (B)

(24) Where can I pick up that brochure you have?

あなたが持っているパンフレットはどこで手に入りますか。

(A) The museum was very crowded.

博物館はとても混んでいました。

(B) In the front lobby.

フロントロビーです。

(C) Here are the survey results.

こちらが調査結果です。

語彙
- □ **pick up**　手に入れる
- □ **brochure**　パンフレット
- □ **crowded**　混雑した
- □ **survey**　調査
- □ **result**　結果

　相手が持っているパンフレットを見て、「(自分もパンフレットが欲しいのだが)どこで手に入るのか」と相手に尋ねている様子がうかがえる。Where (どこで) と尋ねられ、In the front lobby. と直接的に場所を答えている(B)が正解。Where を聞き取り、場所を表す前置詞 in を聞き取ることができれば、簡単に解ける問題。

11.

質問文 Who should I give the expense report to?

応答文 Please give it to your manager.

12.

質問文 Why was the budget meeting postponed?

応答文 Didn't you receive the e-mail?

13.

質問文 How much will it cost to repair the machine?

応答文 Around 500 dollars, I think.

14.

質問文 Which hotel did you stay at during your business trip?

応答文 It was a day trip.

15.

質問文 Where can I pick up that brochure you have?

応答文 In the front lobby.

11. should I の部分はシュッダイのようにつなげて発音しましょう。report の発音記号は【ripɔ́rt】でリポートです。report to は t が連続するため、report の t は脱落し、リポーットゥのような発音になります。また、give it to の部分はギビットゥのような発音になります。ギブ・イット・トゥと発音しないようにしましょう。

12. meeting の g は発音せず、ミーティンのような発音になります。Didn't you の部分は、ディドゥンチューのようにつなげて発音しましょう。receive の発音記号は【risíːv】なので、レシーブではなく、リシィーブのような発音です。

13. will it の部分はつながって、ウィリッのように発音しましょう。cost to は t が連続するため、cost の t は脱落し、コスットゥのようになります。文構成としては、〈How much＋普通の疑問文〉を意識しましょう。

14. stay at 〜（〜に宿泊する）というカタマリを意識しましょう。また、trip はトリップではなく、tr の部分をまとめて発音し、大げさに言うと、チュリップのような音になります。

15. can I はつながってキャナイ、pick up はピッカップのように発音しましょう。that brochure you have の部分は、下線部分が brochure（パンフレット）を後ろから前に修飾しています。「パンフレット／あなたが持っている」という語順を意識して音読しましょう。

なりきり 0.8

◀25 ◀26 ◀27

11.

質問文 ----- should I give the ----- ----- to?

応答文 Please ----- it to your -----.

12.

質問文 ----- was the ----- meeting -----?

応答文 Didn't you ----- the e-mail?

13.

質問文 ----- ----- will it ----- to ----- the machine?

応答文 Around ----- -----, I think.

14.

質問文 ----- ----- did you ----- ----- ----- your business trip?

応答文 It was a ----- -----.

15.

質問文 ----- can I ----- ----- that ----- you have?

応答文 ----- the front lobby.

STEP 1　リピート音読5回

音読用スクリプトを見ながら、音声のあとに続いて質問文と応答文をそれぞれリピートしましょう。　**5回**

1	2	3	4	5

STEP 2　穴埋め音読5回　リピート音読

穴埋め音読用スクリプトを見て、空所を埋めながら音読します。音声のあとに続いて、質問文と応答文をそれぞれリピートしましょう。　**5回**

1	2	3	4	5

STEP 3　穴埋め音読5回　なりきり音読

穴埋め音読用スクリプトを見て、空所を埋めながら音読します。問題番号の音声のあとに続いて、質問文を言いましょう。リピート練習ではありません。　**5回**

1	2	3	4	5

STEP 4　1文丸ごと暗唱5回　0.8倍速スピード

何も見ずに、音声のあとに続いて、質問文と応答文をそれぞれリピートしましょう。　**5回**

1	2	3	4	5

STEP 5　1文丸ごと暗唱10回　普通スピード

何も見ずに、音声のあとに続いて、質問文と応答文をそれぞれリピートしましょう。　**10回**

1	2	3	4	5
6	7	8	9	10

計30回 達成!! 頑張りました!	日付　　／

WH 疑問文　その4

問題を解きましょう。

16. Mark your answer on your answer sheet. 🔊 28

17. Mark your answer on your answer sheet. 🔊 29

18. Mark your answer on your answer sheet. 🔊 30

19. Mark your answer on your answer sheet. 🔊 31

20. Mark your answer on your answer sheet. 🔊 32

16. 正解 (A)

(28) What's the best way to get to the airport?

空港に行くのに一番いい方法は何ですか。

(A) I'll give you a ride.

車でお送りしますよ。

(B) The flight has been delayed for two hours.

フライトが2時間遅れています。

(C) They're on Wells Avenue.

それらは Wells 通りにあります。

語彙　□ **get to 〜**　〜に到着する
　　　□ **be delayed**　遅れる

　空港までの一番いい行き方について尋ねているが、質問者を空港まで送ることを提案し、空港までの行き方については考える必要がないことを伝えている(A)が正解。(C)は場所を答えており、空港までの行く手段を答えているわけではないため不正解。

17. 正解 (B)

(29) When will the board make an announcement about the merger?

いつ取締役会は合併について発表するのですか。

(A) It was a difficult decision.

それは難しい決定でした。

(B) The discussions are still ongoing.

話し合いがまだ継続しています。

(C) Only for a couple of months.

数ヶ月間だけ。

語彙　□ **board** 取締役会
　　　　　□ **make an announcement** 発表をする
　　　　　□ **merger** 合併　□ **ongoing** 継続している
　　　　　□ **a couple of** ～　いくつかの～

　合併についての発表の時期を尋ねているが、「話し合いが
まだ継続している」と述べることで、そもそも合併が決定し
ていないことを伝えている(B)が正解。

18.　正解 (C)

(30) Who will lead the product demonstration
tomorrow?

明日の製品実演は誰が担当するのですか。

(A) The laptop's battery is running out.

ノートパソコンのバッテリーがなくなってきました。

(B) I didn't have time to read the book.

本を読む時間がありませんでした。

(C) Someone on the product development
　　team.

製品開発チームの人です。

語彙　□ **lead** 先導する
　　　　　□ **product demonstration** 製品実演
　　　　　□ **run out** なくなる
　　　　　□ **product development** 製品開発

〈Who（誰）＋動詞＋目的語〉の形で、疑問詞自体が主語の役割をしている点を理解しよう。ここでは、Who（誰が）に対する基本応答パターンを使って、「～部／～チームの人」という応答をしている（C）が正解。（B）は「本を読む時間がなかった」と応答しているが、本を読めば製品実演を担当する人がわかるわけではないので、適切な応答になっていない。

---

19. 正解 (B)

🔊31　Why aren't the new employees in the office?

🇦🇺
🇬🇧　なぜ新入社員はオフィスにいないのですか。

(A) Either is fine.

　　どちらでも結構です。

(B) They're touring the facility right now.

　　今、彼らは施設を見学しています。

(C) She hasn't changed it yet.

　　彼女はまだそれを変更していません。

❌ 語彙
　　□ **employee**　従業員
　　□ **tour**　見学する
　　□ **facility**　施設

　疑問詞Whyの後ろに否定疑問文を続けているので、「なぜ～ないのですか」という意味になっている点に注意しよう。ここでは、新入社員がオフィスにいない理由を尋ねており、「彼らは現在、会社の施設を見学しているのでオフィスにはいない」と、その理由を答えている（B）が正解。（C）では、She（彼女）は誰なのか、it（それ）は何を指すか不明であるため、応答として成り立たない。

20. 正解 (A)

(32) How did your presentation go yesterday?

🇨🇦 昨日、あなたのプレゼンテーションはどうでしたか。
🇺🇸

(A) It went really well.

とてもうまくいきました。

(B) Please arrange a conference call.

電話会議を準備してください。

(C) By showing a new smartphone model.

新しいスマートフォンのモデルを紹介することによって。

語彙　□ **go well** うまくいく

□ **arrange** 準備する

□ **conference call** 電話会議

　「どうだった？」と感想や結果を尋ねる時に使う典型フレーズに How did it go? や How was it? がある。質問文では主語の部分 (it) に your presentation を入れ、プレゼンテーションを行った結果を尋ねている。その質問に対して、It went really well. と答えている (A) が正解。「うまくいった」という結果を伝える典型的な応答の仕方なので覚えておこう。

　(C) は前置詞 by を使って「手段」を答えている。確かに質問文の How は「手段」を問う際にも使用するが、ここでは結果を尋ねているためマッチしない。

16.

質問文　What's the best way to get to the airport?

応答文　I'll give you a ride.

17.

質問文　When will the board make an announcement about the merger?

応答文　The discussions are still ongoing.

18.

質問文　Who will lead the product demonstration tomorrow?

応答文　Someone on the product development team.

19.

質問文　Why aren't the new employees in the office?

応答文　They're touring the facility right now.

20.

質問文　How did your presentation go yesterday?

応答文　It went really well.

16. What's the best way to ～（～するのに一番いい方法は何ですか）のカタマリを意識しましょう。例えば、What's the best way to learn English?（英語を学ぶのに一番いい方法は何ですか）のように、to 以下を変えて使用することができ、非常に汎用性が高い表現です。

17. make an announcement about ～で「～についての発表をする」という意味です。このカタマリを途切れることなく一呼吸で読むようにしましょう。また、make an の部分はメイクアンのようにつなげて発音しましょう。

18. Who（誰が）の部分が主語になり、後ろに動詞 will lead が続いている文構成を意識しましょう。product の発音記号は【prάdəkt】でプラダクt のように発音し、プロダクトと日本語読みにならないように注意しましょう。

19. aren't the の部分は、アーンザのように発音します。aren't の部分をアーントと発音するとリズムが崩れてしまうので気をつけましょう。touring の発音記号は【túərɪŋ】で、トゥァリングのように発音します。ツアリングと発音しないようにしましょう。

20. did your の部分はディデュァとつなげて発音しましょう。your の r の部分はハッキリと発音しないことがポイントです。また、presentation go の部分は、go を強く読みすぎず、yesterday へと下がり調子でつなげていきましょう。It went の It の t は脱落し、イッウェントのように発音します。

なりきり　0.8
(33) (34) (35)

16.

質問文 ----- the ----- ----- to ----- ----- the airport?

応答文 I'll ----- you a -----.

17.

質問文 ----- will the ----- ----- an ----- about the -----?

応答文 The discussions are still -----.

18.

質問文 ----- will ----- the product ----- tomorrow?

応答文 ----- on the product ----- team.

19.

質問文 ----- aren't the new ----- in the office?

応答文 They're ----- the ----- right now.

20.

質問文 ----- did your presentation ----- yesterday?

応答文 It ----- really -----.

STEP 1　リピート音読5回

音読用スクリプトを見ながら、音声のあとに続いて質問文と応答文をそれぞれリピートしましょう。 **5回**

1	2	3	4	5	

STEP 2　穴埋め音読5回　リピート音読

穴埋め音読用スクリプトを見て、空所を埋めながら音読します。音声のあとに続いて、質問文と応答文をそれぞれリピートしましょう。 **5回**

1	2	3	4	5

STEP 3　穴埋め音読5回　なりきり音読

穴埋め音読用スクリプトを見て、空所を埋めながら音読します。問題番号の音声のあとに続いて、質問文を言いましょう。リピート練習ではありません。 **5回**

1	2	3	4	5

STEP 4　1文丸ごと暗唱5回　0.8倍速スピード

何も見ずに、音声のあとに続いて、質問文と応答文をそれぞれリピートしましょう。 **5回**

1	2	3	4	5

STEP 5　1文丸ごと暗唱10回　普通スピード

何も見ずに、音声のあとに続いて、質問文と応答文をそれぞれリピートしましょう。 **10回**

1	2	3	4	5
6	7	8	9	10

計30回 達成!! 頑張りました!	日付　　　／

問題を解きましょう。

21. Mark your answer on your answer sheet.　🔊36

22. Mark your answer on your answer sheet.　🔊37

23. Mark your answer on your answer sheet.　🔊38

24. Mark your answer on your answer sheet.　🔊39

25. Mark your answer on your answer sheet.　🔊40

21. 正解 (C)

(36) Where is the gym located in this hotel?

このホテルにはどこにジムがありますか。

(A) For about one and a half years.

約1年半の間。

(B) I work out every morning.

毎朝、私は運動します。

(C) It's being renovated now.

今、改修中ですよ。

　ホテル内にあるジムの場所を尋ねているが、この質問には「ジムを使用したいから場所を知りたい」という意図がある。その意図を汲み取って、ジムは現在改修中であり、使用できないことを遠回しに伝えている (C) が正解。(A) にある前置詞forは、場所ではなく、この場合は期間を表す前置詞であることを確認しておこう。

22. 正解 (B)

(37) What do you think of the new company logo?

会社の新しいロゴをどう思いますか。

(A) Let me check the schedule.

スケジュールを確認させてください。

(B) It's much better than I expected.

私が思っていたよりずっといいです。

(C) The building was designed last year.

去年、その建物は設計されました。

　What do you think of 〜?は「〜についてどう思う?」のように感想を求める時の典型パターン。新しい会社のロゴについて「思っていたよりもよかった」と応答している(B)が正解。(A)で「スケジュールを確認させてください」と言っているが、ロゴの感想を伝えるのにスケジュールの確認をする必要はない。

23. 正解 (A) 🚄

🔊38 When did you submit the evaluation sheet?

あなたはいつ評価表を提出しましたか。

(A) I'm still working on it.

まだ取り組んでいる最中です。

(B) Please write it on the calendar.

それをカレンダーに書いてください。

(C) Claire was promoted to sales manager.

Claire は販売マネージャーに昇進しました。

🅧 語彙　□ **submit**　提出する　□ **evaluation**　評価

□ **work on 〜**　〜に取り組む

□ **be promoted to 〜**　〜に昇進する

　評価表を出した時期を問われ、「まだ取り組んでいる最中

です」と答えることで、「まだ提出していない」と暗に伝えている(A)が正解。When (いつ) と聞かれても、直接的に日時を答えずに返答することがあることを知っておこう。

24. 正解 (C)

(39) Who was assigned as the trainer?

トレーナーとして誰が割り当てられましたか。

(A) Please go ahead.

お先にどうぞ。

(B) He works at a nearby gym.

彼は近くのジムで働いています。

(C) Tom was, I think.

Tom だと思います。

語彙 □ **assign** 割り当てる □ **as** ～として
□ **nearby** 近くの

〈Who (誰が) + be動詞 + 過去分詞〉の形で受動態になっている。疑問詞Whoが主語になっている点を意識しよう。Who (誰が) と聞かれたら、「名前を答える」というのが基本応答パターンであることをまずは覚えておこう。この場合はTomと名前で答えている(C)が正解。WhoとTomさえ聞き取れれば正解できる易しい問題。(B)のHe (彼) は誰かわからないため、適切な応答にはならない。

25. 正解 (B)

(40) Why do you subscribe to that magazine?

🇨🇦🇬🇧 なぜその雑誌を定期購読しているのですか。

(A) He hired a new editor.

彼は新しい編集者を雇いました。

(B) To keep up with the latest technology.

最新の技術を知るためです。

(C) Ten copies are fine.

10部で大丈夫です。

語彙
- □ **subscribe to ～** ～を定期購読している
- □ **hire** 雇う
- □ **keep up with ～** (情報など) に遅れずに ついていく
- □ **latest** 最新の □ **fine** 構わない

　雑誌を定期購読している理由を尋ねられ、「最新の技術に遅れずについていくため ⇨ 最新の技術を知るため」と返答している (B) が正解。Why (なぜ) に対してBecause (～なので) や To (～するため) と答えられることを覚えておけば容易に解答できる。Whyに対し、BecauseやToを使って答えているが、返答として成り立たない問題は今まで出たことがない。(駒井調べ)

21.

質問文 Where is the gym located in this hotel?

応答文 It's being renovated now.

22.

質問文 What do you think of the new company logo?

応答文 It's much better than I expected.

23.

質問文 When did you submit the evaluation sheet?

応答文 I'm still working on it.

24.

質問文 Who was assigned as the trainer?

応答文 Tom was, I think.

25.

質問文 Why do you subscribe to that magazine?

応答文 To keep up with the latest technology.

21. gym は日本語ではジムと発音し、「ム」の音をハッキリと発音しますが、英語の場合、口を閉じるだけで「ム」の音を出すため、m は弱い音になります。

22. What do you think of ～（～をどう思いますか）は日常会話でもよく使用する典型フレーズです。ぜひカタマリとして意識しましょう。What do you... の What の t は脱落し、ワッドゥーユーのように発音します。

23. submit の t は脱落し、サブミッのように発音します。submit の b は「ブ」と明瞭に言わず、口を閉じただけでb の音を出す感覚です。sheet の発音記号は【ʃíːt】で、seat の発音とは異なります。sheet の場合の sh の音は、口を丸く前につぼめ、「シュ」と言うときの唇の形にし、「シ」と発音しましょう。working on の部分は、working の g の音は消し、ワーキンオンのように発音しましょう。

24. Who (誰が) が主語となり、受動態の文であることを意識しましょう。Who was の部分は、フーウォズのように was の部分は控えめに小さく発音します。trainer は日本語のトレーナーと言う発音ではなく、トゥレイナーのような発音を意識しましょう。

25. subscribe to ～（～を定期購読する）をカタマリとして意識しましょう。magazine はマガズィーンのように発音しましょう。マガジンの「ジ」は濁った Z の音になることを意識し、マガジンと日本語発音にならないように気をつけましょう。

なりきり　0.8

41　42　43

21.

質問文 ----- is the gym ----- in this hotel?

応答文 It's being ----- now.

22.

質問文 ----- do you ----- ----- the new company logo?

応答文 It's much ----- ----- I -----.

23.

質問文 ----- did you ----- the evaluation sheet?

応答文 I'm still ----- ----- it.

24.

質問文 ----- was ----- ----- the trainer?

応答文 Tom was, I think.

25.

質問文 ----- do you ----- ----- that magazine?

応答文 To ----- ----- ----- the ----- technology.

STEP 1 リピート音読5回

音読用スクリプトを見ながら、音声のあとに続いて質問文と応答文をそれぞれリピートしましょう。 **5回**

1	2	3	4	5

STEP 2 穴埋め音読5回 リピート音読

穴埋め音読用スクリプトを見て、空所を埋めながら音読します。音声のあとに続いて、質問文と応答文をそれぞれリピートしましょう。 **5回**

1	2	3	4	5

STEP 3 穴埋め音読5回 なりきり音読

穴埋め音読用スクリプトを見て、空所を埋めながら音読します。問題番号の音声のあとに続いて、質問文を言いましょう。リピート練習ではありません。 **5回**

1	2	3	4	5

STEP 4 1文丸ごと暗唱5回 0.8倍速スピード

何も見ずに、音声のあとに続いて、質問文と応答文をそれぞれリピートしましょう。 **5回**

1	2	3	4	5

STEP 5 1文丸ごと暗唱10回 普通スピード

何も見ずに、音声のあとに続いて、質問文と応答文をそれぞれリピートしましょう。 **10回**

1	2	3	4	5
6	7	8	9	10

計30回 達成!! 頑張りました!	日付 　／

問題を解きましょう。

26. Mark your answer on your answer sheet.　🔊44

27. Mark your answer on your answer sheet.　🔊45

28. Mark your answer on your answer sheet.　🔊46

29. Mark your answer on your answer sheet.　🔊47

30. Mark your answer on your answer sheet.　🔊48

26. 正解 (B)

(44) How can we reduce our utility bills?

どうしたら私たちは公共料金を減らすことができますか。

(A) I don't know how to get there.

そこへの行き方がわかりません。

(B) Let's add this topic to the agenda for the next meeting.

この話を次の会議の議題に加えましょう。

(C) Please send an estimate.

見積もりを送ってください。

語彙　□ **reduce** 減らす　□ **utility bill** 公共料金
□ **add A to B** AをBに加える
□ **agenda** 議題　□ **estimate** 見積もり

　How (どのように) を使って、「手段」を尋ねている疑問文。この場合は、公共料金を削減する方法を尋ねている。その方法を直接的に答えるのではなく、会議の議題に加えて話し合うことを提案した(B)が正解。

27. 正解 (C)

(45) Where can we get a parking permit?

私たちは駐車許可証をどこでもらえますか。

(A) I'll go to the library tomorrow.

明日、図書館に行くつもりです。

(B) She received my e-mail.

彼女は私のメールを受け取りました。

(C) From the security office.
　　警備室です。

　駐車許可証をもらえる場所について質問している。それに対し、「警備室です」と直接的に場所を答えている（C）が正解。これは、You can get a parking permit from the security office.（あなたは駐車許可証を警備室からもらえます）の下線部分を省略した応答の仕方。基本的には同じことを繰り返さなくても理解ができる場合には、このように省略して返答する。

28. 正解 (A)

🔊46　What kind of clothes should we wear to the
　　ceremony?
　　私たちは、その式典へはどんな服を着ていくべきですか。

(A) Didn't anyone tell you yet?
　　誰もまだあなたに話していませんか。

(B) I have two tickets for the concert.
　　2枚のコンサートのチケットを持っています。

(C) Brent usually takes the train.
　　Brent はたいてい電車に乗ります。

　What kind of 〜で「どんな種類の〜」という意味の疑問文を作り、式典に着ていく服装について尋ねている。通常、服装といえばフォーマルかカジュアルかを答えるような返答に

なるが、ここでは、「服装については誰かが既に連絡しているはずだが…」と予想外の質問にやや驚きながら、(A) の返答をしている。

29. 正解 (B)

(47)

When is the garden scheduled to open to the public?

その庭園はいつ一般に公開される予定ですか。

(A) It's very far from here.

ここからとても遠いです。

(B) I heard this spring.

今年の春だと聞きました。

(C) That was a nice experience.

それはいい経験でした。

語彙　　□ **be scheduled to ～**　～する予定だ
　　　　□ **the public**　一般の人々　□ **far**　遠い

When (いつ) という問いに対する基本応答パターンの1つに、季節で応答するパターンがある。この場合は this spring (今年の春) というキーワードが入った (B) が正解。(A) は場所を尋ねられた時の返答であるため不正解。

30. 正解 (C)

(48) Who did you go to the seminar with?

あなたは誰とセミナーに行きましたか。

(A) Very recently.

ごく最近です。

(B) My coworker ordered some yesterday.

昨日、同僚がいくつか注文しました。

(C) I forgot to sign up for it.

申し込むのを忘れました。

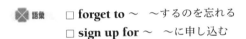 **語彙** □ **forget to ～** ～するのを忘れる

□ **sign up for ～** ～に申し込む

　Did you go to the seminar with A? (あなたはAさんとセミナーへ行きましたか) という文のAの部分が不明であるため、疑問詞Whoを先頭に置き、「誰と？」という疑問文を作っている。Who (誰) に対する返答として、My coworker (私の同僚) だけ聞き取ると間違って(B)を選んでしまうので要注意。この場合は、そもそもセミナーに申し込むのを忘れたためセミナーには行かなかったことを伝えている(C)が正解。

26.

質問文 How can we reduce our utility bills?

応答文 Let's add this topic to the agenda for the next meeting.

27.

質問文 Where can we get a parking permit?

応答文 From the security office.

28.

質問文 What kind of clothes should we wear to the ceremony?

応答文 Didn't anyone tell you yet?

29.

質問文 When is the garden scheduled to open to the public?

応答文 I heard this spring.

30.

質問文 Who did you go to the seminar with?

応答文 I forgot to sign up for it.

26. bills はビルズのように l をハッキリ発音するのではなく、ビゥズのように発音します。舌先を上の歯の裏側に近づけると、l の発音がうまくいきます。add A to B は「A を B に加える」というカタマリを意識しましょう。

27. get a の部分はつながって、ゲッタのような発音になります。parking は g の音は消し、パーキンと発音してみましょう。

28. What kind of ～（どんな種類の～）というカタマリを意識しましょう。ここは、ワッカィンドブのようにつなげて発音します。clothes は複数形の es がついていますが、発音はクロージーズではなく、クロゥズです。

29. be scheduled to ～（～する予定だ）というカタマリを意識しましょう（ここでは疑問文になっているため be 動詞が前に出ています）。scheduled to の部分はスケジュートゥのように ed は発音せずにつなげましょう。

30. Did you go to the seminar with ○○？（○○さんと一緒にセミナーに行きましたか）の○○の部分を Who に変えて文頭に持ってきているという文構成を理解しましょう。forgot to の forgot の t は脱落し、ファガットゥのように発音し、sign up はサインナップのようにつながります。

なりきり 0.8

🔊49 🔊50 🔊51

26.

質問文 ----- can we ----- our ----- -----?

応答文 Let's ----- this topic ----- the ----- for the next -----.

27.

質問文 ----- can we ----- a ----- -----?

応答文 From the ----- -----.

28.

質問文 ----- ----- of ----- should we ----- to the ceremony?

応答文 Didn't ----- ----- you yet?

29.

質問文 ----- is the garden ----- ----- open to the -----?

応答文 I ----- this spring.

30.

質問文 ----- did you ----- to the ----- with?

応答文 I ----- to ----- ----- ----- it.

STEP 1 リピート音読5回

音読用スクリプトを見ながら、音声のあとに続いて質問文と応答文をそれぞれリピートしましょう。 **5回**

1	2	3	4	5

STEP 2 穴埋め音読5回 リピート音読

穴埋め音読用スクリプトを見て、空所を埋めながら音読します。音声のあとに続いて、質問文と応答文をそれぞれリピートしましょう。 **5回**

1	2	3	4	5

STEP 3 穴埋め音読5回 なりきり音読

穴埋め音読用スクリプトを見て、空所を埋めながら音読します。問題番号の音声のあとに続いて、質問文を言いましょう。リピート練習ではありません。 **5回**

1	2	3	4	5

STEP 4 1文丸ごと暗唱5回 0.8倍速スピード

何も見ずに、音声のあとに続いて、質問文と応答文をそれぞれリピートしましょう。 **5回**

1	2	3	4	5

STEP 5 1文丸ごと暗唱10回 普通スピード

何も見ずに、音声のあとに続いて、質問文と応答文をそれぞれリピートしましょう。 **10回**

1	2	3	4	5
6	7	8	9	10

計30回 達成!! 頑張りました!	日付 /

第 2 章
Yes/No 疑問文

20問

魂を込めて音読！
君の"情熱"を
言葉に乗せよう。

Yes/No 疑問文

Yes/No 疑問文とは、Yes（はい）か No（いいえ）で答えられる疑問文のことです。しかし、この疑問文に対する応答は、明確に Yes/No と伝えなくても返答ができます。

 文の種類

その1：現在形の Yes/No 疑問文 🇬🇧🇺🇸 🔊52

質問文 Do you know where the café is?
カフェはどこにあるか知っていますか。

直接的な応答文 It's across from the book store.
本屋の向かいにあります。

間接的な応答文 It's my first time to visit this building.
この建物を訪れるのは初めてです。

直接的な応答文では、具体的な場所を答えています。一方で、間接的な応答文は、「この建物に訪れるのは初めてなので、建物の中にあるカフェの場所は知らない」ということを暗に伝えています。どちらも Yes/No とは返事をしていませんが、応答として成り立っていますね。

その2：過去形の Yes/No 疑問文　🇬🇧🇦🇺 🔊53

質問文 | Did you see Oliver today?
今日、Oliver を見ましたか。

直接的な応答文 | I saw him in the break room.
休憩室で彼を見ました。

間接的な応答文 | He took the day off today.
今日、彼は休暇を取っています。

　直接的な応答文では、休憩室で彼を見たと伝えており、間接的な応答文では、「Oliver は休暇を取っているので今日は会社にはおらず、Oliver を見ていない」ということを暗に伝えています。

その3：未来形の Yes/No 疑問文　🇬🇧🇨🇦 🔊54

質問文 | Will you be available this afternoon?
今日の午後、あなたは手が空いていますか。

直接的な応答文 | Yes, what can I do for you?
はい、何か御用ですか。

間接的な応答文 | I have to prepare for my presentation.
プレゼンテーションの準備をする必要があります。

　直接的な応答文では、Yes と明確に返答し、手が空いていることを伝えています。一方、間接的な応答文では、プレゼンテーションの準備をする必要があると答えることで、手が空かないことを伝えています。

Yes/No 疑問文　その1

問題を解きましょう。

1. Mark your answer on your answer sheet. （◀55）

2. Mark your answer on your answer sheet. （◀56）

3. Mark your answer on your answer sheet. （◀57）

4. Mark your answer on your answer sheet. （◀58）

5. Mark your answer on your answer sheet. （◀59）

1. 正解 (B)

(55) Do you know when our flight will arrive in Shanghai?

私たちの飛行機は上海にいつ到着するか知っていますか。

(A) We can keep your luggage here.

お荷物はこちらで我々がお預かりします。

(B) Probably around two o'clock local time.

多分、現地時間で2時頃です。

(C) From gate two.

ゲート2からです。

語彙　□ **keep** 預かる　□ **probably** おそらく
□ **around** おおよそ
□ **local time** 現地時間

〈Do you know when ＋主語＋動詞〜〉という間接疑問文の形を意識しよう。ここでは「いつ〜か知っていますか」という疑問文になっている。「到着する時間を知りたい」という質問者の意図を汲み取り、「2時頃」と応答している (B) が正解。

2. 正解 (C)

(56) Did your team complete the product testing yesterday?

昨日、あなたのチームは製品テストを終えましたか。

(A) I'd like to know the customer number.

顧客番号を知りたいです。

(B) The repairperson fixed it.

修理工がそれを直してくれました。

(C) We need two more days.

あと2日必要です。

🔖 語彙　□ **complete** 終える　□ **product** 製品
　　　　□ **repairperson** 修理工

　製品テストを終えたかどうかを問う質問に対し、「あと2日必要です」と答えることによって、「まだ製品テストを終えていない」と暗に伝えている(C)が正解。(B)は、目的語に置かれているitが何を指すのか不明。仮にitが製品テストをしている「製品」だとしても、応答として成り立たない。

3. 　正解 (A)

(57) Are you going to lead the workshop tomorrow?

🏴 明日、あなたが研修を担当するのですか。

(A) I'm one of the participants.

私は参加者の1人です。

(B) It was very informative.

それはとても有益でした。

(C) Please read it in advance.

事前にそれを読んでください。

🔖 語彙　□ **lead** 先導する　□ **participant** 参加者
　　　　□ **informative** 有益な
　　　　□ **in advance** 事前に

　Are you going to... と聞いた時点で、次にどんな動詞が出てくるかをしっかりと待ち伏せしよう。ここでは研修を担当するかどうかを尋ねられ、「参加者の1人だ」と答えること

によって、研修を行う立場ではないことを伝えている(A)が
正解。

4. 正解 (C)

(58) Have you finished reading the annual report?

年次報告書を読み終わりましたか。

(A) I haven't asked about it yet.

まだそれについて尋ねていません。

(B) Please put them in the supply room.

それらを備品室に置いてください。

(C) Just one more page to go.

あと1ページだけです。

語彙 □ **annual** 年1回の
□ **supply room** 備品室

　現在完了形の疑問文で尋ねている。年次報告書を読み終わ
ったかどうかを聞かれ、「あと1ページだけです」と答えるこ
とで、残り1ページ読む必要があり、まだ読み終わっていな
いことを伝えている(C)が正解。to go は名詞の後ろに置き、
「(時間や距離などの) 残り…、あと…」という意味。(A)は I
haven't... までは応答として成立するが「尋ねていない」とい
う部分は応答として成立しない。最後までしっかり聞き取ろ
う。

5. 正解 (B)

(59) Does your company have factories overseas?

御社は海外に工場を持っていますか。

(A) I've never been to Australia.

私はオーストラリアに行ったことがありません。

(B) We stopped all operations last year.

昨年、全ての稼働を停止しました。

(C) About 100 factory workers.

約100名の工場労働者です。

語彙　□ **factory** 工場　□ **overseas** 海外に
　　　□ **operation** 稼働

　自分の会社が海外に工場を持っているかを尋ねられている。
「全ての稼働を停止した」と言うことで、海外・国内問わず、
稼働している工場はないことを伝えている(B)が正解。自分
がオーストラリアに行ったことがあるかないかは質問に答え
る上で関係ないので、(A)は不正解。

🔊60

1.

質問文 Do you know when our flight will arrive in Shanghai?

応答文 Probably around two o'clock local time.

2.

質問文 Did your team complete the product testing yesterday?

応答文 We need two more days.

3.

質問文 Are you going to lead the workshop tomorrow?

応答文 I'm one of the participants.

4.

質問文 Have you finished reading the annual report?

応答文 Just one more page to go.

5.

質問文 Does your company have factories overseas?

応答文 We stopped all operations last year.

1. when our の部分がつながり、ウェンナワーのような発音
になります。arrive in もァライビンのようにつなげて発音しま
しょう。local の発音【lóukəl】です。ローカルではなく、ロゥ
カゥのような音になります。local の最初の lo はロゥとハッキ
リ発音しますが、最後の l は弱く小さく発音しましょう。

2. Did your の部分はディデューァのようにつなげます。
team は日本語の発音のチームとは異なり、ティーmと発音し
ます。最後の「ム」はハッキリとは発音せず、唇を閉じた音
で m を発音しましょう。

3. going to はゴゥイントゥのように、going の最後の g は発
音せず、なめらかにつなげましょう。lead the の lead の d
は脱落し、リーッザのように発音します。one of the … の部
分はワンノブザとつなげて発音しましょう。

4. the は後ろに母音で始まる単語が続くので、「ジィ」とい
う発音です。report の発音記号は【ripórt】で、リポートと発
音します。レポートと日本語読みにならないように気をつけ
ましょう。

5. factoriesはファクトリーズのように「ク」の音をハッキリ言
うのではなく、ファkトリーズのように小さく短く発音しまし
ょう。stopped はスタップt のように発音しましょう。opera-
tion の発音記号は【àpəréiʃən】で、複数形はァパレイションズ
のように発音します。

1.

質問文 Do you ----- ----- our ----- will ----- in Shanghai?

応答文 Probably ----- two o'clock ----- -----.

2.

質問文 Did your team ----- the ----- ----- yesterday?

応答文 We ----- ----- ----- days.

3.

質問文 Are you going to ----- the ----- tomorrow?

応答文 I'm ----- ----- the -----.

4.

質問文 ----- you finished ----- the ----- -----?

応答文 Just ----- ----- page to go.

5.

質問文 ----- your ----- have factories -----?

応答文 We ----- all ----- last year.

STEP 1 リピート音読5回

音読用スクリプトを見ながら、音声のあとに続いて質問文と応答文をそれぞれリピートしましょう。 **5回**

1	2	3	4	5

STEP 2 穴埋め音読5回 リピート音読

穴埋め音読用スクリプトを見て、空所を埋めながら音読します。音声のあとに続いて、質問文と応答文をそれぞれリピートしましょう。 **5回**

1	2	3	4	5

STEP 3 穴埋め音読5回 なりきり音読

穴埋め音読用スクリプトを見て、空所を埋めながら音読します。問題番号の音声のあとに続いて、質問文を言いましょう。リピート練習ではありません。 **5回**

1	2	3	4	5

STEP 4 1文丸ごと暗唱5回 0.8倍速スピード

何も見ずに、音声のあとに続いて、質問文と応答文をそれぞれリピートしましょう。 **5回**

1	2	3	4	5

STEP 5 1文丸ごと暗唱10回 普通スピード

何も見ずに、音声のあとに続いて、質問文と応答文をそれぞれリピートしましょう。 **10回**

1	2	3	4	5
6	7	8	9	10

計30回 達成!! 頑張りました!	日付 ／

Yes/No 疑問文　その2

問題を解きましょう。

6. Mark your answer on your answer sheet.　🔊 63

7. Mark your answer on your answer sheet.　🔊 64

8. Mark your answer on your answer sheet.　🔊 65

9. Mark your answer on your answer sheet.　🔊 66

10. Mark your answer on your answer sheet.　🔊 67

6.　　正解 (B)

(63) Did you send the invitations for the award ceremony?

授賞式の招待状を送りましたか。

(A) Sure, you can come.

もちろん、来ていいですよ。

(B) I just did it yesterday.

ちょうど昨日送りました。

(C) There are 20 envelopes.

20枚の封筒があります。

語彙　　□ **invitation**　招待状　　□ **envelope**　封筒

　(B) I just did it yesterday. の it は「招待状を送ること」を指し、「招待状を昨日送った」と伝えている。(A)の場合、Did you send～?（～を送りましたか）と聞かれて、Sure（もちろん）と応答するのは間違っていないが、その後の you can come.（来ていいですよ）は応答として噛み合わない。最後まで油断せずに聞き取ろう。

7.　　正解 (A)

(64) Will Mr. Baker be in time for the press conference?

Baker さんは記者会見に間に合いますか。

(A) I think he can make it.

間に合うと思います。

(B) Not very often.

めったにありません。

(C) Maybe today or tomorrow.

おそらく今日か明日です。

❌ 語彙　□ **be in time**　間に合う
　　　　　□ **press conference**　記者会見
　　　　　□ **make it**　間に合う

　質問文のbe in time（間に合う）をmake itと言い方を変え
て「間に合うと思う」と応答している（A）が正解。make itは、
ここでは「時間に間に合う」という意味だが、文脈によっては
「無事にやり遂げる」「成功する」のように、さまざまな意味
になるので確認しておこう。（B）は頻度を答えており、質問
と噛み合っていない。（C）の場合は、「いつBakerさんは到着
しますか」のような、「いつ」を問う疑問文に対する応答にな
っている。

8.　正解 (C)

🔊65 Have the new items been added to the menu?

🇺🇸🏴 新しい内容がメニューに加わったのですか。

(A) The restaurant is crowded at noon.

レストランは昼は混み合っています。

(B) I completely agree with you.

私は完全にあなたに賛成です。

(C) Sorry, I'm new here.

すみません、私はここの新人です。

語彙 □ **add** 加わる □ **crowded** 混雑した
□ **completely** 完全に
□ **agree with ~** ～に賛成だ

　飲食店でメニューについて客から質問された場面を想像しよう。ここでは、「ここの新人です」と答えることで、「新しいものがメニューに加わったかどうかはわからない」ということを伝えている(C)が正解。

9. 正解 (C)

(66) Will Ms. Porter have a checkup at three o'clock?

Porterさんは3時に健康診断を受ける予定ですか。

(A) Can you check the inventory?
在庫を確認していただけますか。

(B) You'll be fine.
あなたは大丈夫でしょう。

(C) I can't access the online schedule right now.
今、オンラインの予定表にアクセスできません。

語彙 □ **checkup** 健康診断 □ **inventory** 在庫
□ **access** アクセスする

　病院でのスタッフ同士の会話を想像しよう。患者であるPorterさんが3時に健康診断を受けるかどうか聞かれ、スケジュールを確認するためネットにアクセスしようとしてもアクセスできず、確認できないことを伝えている(C)が正解。

10. 正解 (A)

(67) Was the headquarters relocated to New York?

本社がニューヨークに移転したんですか。

(A) Yes, just last month.

はい、ちょうど先月に。

(B) I can't wait to see the movie.

その映画を見るのが待ち遠しいです。

(C) On the second floor.

2階です。

語彙 □ **headquarters** 本社
□ **be relocated to ~** ~に移転する
□ **floor** 階

　本社が移転したかどうかを聞かれて、Yes (はい) と明確に答え、移転した時期を「ちょうど先月に」と伝えている (A) が正解。(C) の応答では、「2階です」と所在地を答えているだけで、この応答ではニューヨークに移転したかどうかはわからない。

6.

質問文 Did you send the invitations for the award ceremony?

応答文 I just did it yesterday.

7.

質問文 Will Mr. Baker be in time for the press conference?

応答文 I think he can make it.

8.

質問文 Have the new items been added to the menu?

応答文 Sorry, I'm new here.

9.

質問文 Will Ms. Porter have a checkup at three o'clock?

応答文 I can't access the online schedule right now.

10.

質問文 Was the headquarters relocated to New York?

応答文 Yes, just last month.

6. send the の部分は send の d が脱落し、the の音は後ろ
の単語が母音始まりであるため「ジィ」という発音です。つな
げるとセンジィのようになります。did it もつながり、ディ
ディッt のような発音になります。

7. be in time は一つ一つの単語で区切って発音するのでは
なく、ビーィンターイムのようにつなげてスムーズに読みましょ
う。make it もつながってメイキッt のような発音になります。

8. Have を前に出し、後ろは受動態になっている文構造を
意識しましょう。added to は ed が脱落し、アディットゥのよ
うに発音します。I'm の m は「ム」とハッキリ言わず、唇を
閉じた音で十分伝わります。

9. checkup の発音記号は【tʃékʌp】です。チェックアップで
はなく、チェッカッp のように発音しましょう。schedule はス
ケジュールとカタカナ読みにならず、スケジューのように発音
しましょう。right now の right の t は脱落し、ライッナゥの
ように言いましょう。

10. be relocated to ～（～に移転する）の be 動詞を文頭に出
し、受動態の疑問文となっている構造を意識しましょう。
relocated to の relocated の ed は脱落し、リロケィティットゥ
のようにつなげていきます。

なりきり 0.8

🔊 68　🔊 69　🔊 70

6.

質問文 Did you ----- the ----- for the ----- -----?

応答文 I just ----- it yesterday.

7.

質問文 Will Mr. Baker be ----- ----- for the ----- -----?

応答文 I think he can ----- -----.

8.

質問文 Have the new ----- been ----- to the menu?

応答文 Sorry, ----- ----- here.

9.

質問文 Will Ms. Porter ----- a ----- at three o'clock?

応答文 I can't ----- the online ----- right now.

10.

質問文 Was the ----- ----- to New York?

応答文 Yes, just ----- -----.

STEP 1　リピート音読5回

音読用スクリプトを見ながら、音声のあとに続いて質問文と応答文をそれぞれリピートしましょう。 **5回**

1	2	3	4	5

STEP 2　穴埋め音読5回　リピート音読

穴埋め音読用スクリプトを見て、空所を埋めながら音読します。音声のあとに続いて、質問文と応答文をそれぞれリピートしましょう。 **5回**

1	2	3	4	5

STEP 3　穴埋め音読5回　なりきり音読

穴埋め音読用スクリプトを見て、空所を埋めながら音読します。問題番号の音声のあとに続いて、質問文を言いましょう。リピート練習ではありません。 **5回**

1	2	3	4	5

STEP 4　1文丸ごと暗唱5回　0.8倍速スピード

何も見ずに、音声のあとに続いて、質問文と応答文をそれぞれリピートしましょう。 **5回**

1	2	3	4	5

STEP 5　1文丸ごと暗唱10回　普通スピード

何も見ずに、音声のあとに続いて、質問文と応答文をそれぞれリピートしましょう。 **10回**

1	2	3	4	5
6	7	8	9	10

計30回 達成!! 頑張りました!	日付 　　／

Yes/No 疑問文　その3

問題を解きましょう。

11. Mark your answer on your answer sheet. 🔊71

12. Mark your answer on your answer sheet. 🔊72

13. Mark your answer on your answer sheet. 🔊73

14. Mark your answer on your answer sheet. 🔊74

15. Mark your answer on your answer sheet. 🔊75

11. 正解 (A)

(71) Are you thinking about suggesting the expansion plan at the board meeting?

取締役会議で、拡張計画を提案する予定ですか。

(A) Haven't you seen the agenda?

議題を見てないのですか。

(B) We're expecting more visitors tomorrow.

明日、私たちはより多くの訪問客を見込んでいます。

(C) Could you show me your boarding pass?

搭乗券を見せていただけますか。

語彙
- □ **expansion**　拡張
- □ **board meeting**　取締役会議
- □ **agenda**　議題　□ **expect**　見込む
- □ **boarding pass**　搭乗券

　拡張計画を提案する予定かと聞かれ、「議題を見ていないのですか」と応答し、「議題に書いてあるので、議題を見ていればわかるはず」と思っていることが伝わる(A)が正解。(C)には質問文で出ていたboardと似た単語boardingが使われているが、「質問文で使用されている単語と同じ、もしくは似た発音の単語」は引っ掛けである場合が多いので注意が必要。

12. 正解 (B)

(72) Have the product samples been shipped yet?

製品サンプルはもう発送されましたか。

(A) She set it up on Tuesday.

火曜日に彼女が設置しました。

(B) We're not ready to send them yet.

私たちはまだ送る準備ができていません。

(C) The negotiation should be over next week.

来週、その交渉は終わるはずです。

🔰 語彙　□ **product** 製品　□ **ship** 発送する
　　　　　□ **be ready to 〜** 〜する準備ができている
　　　　　□ **set up** 設置する　□ **over** 終わって

　　製品サンプルが発送されたかどうかを聞かれて、「送る準備ができていない」と答えることで、「発送されていない」ことを意味している(B)が正解。(C)の返答では、交渉が終わることと、サンプルの発送がどのように関係するのかわからず、適切な応答にはならない。

13. 正解 (C)

(73) Do we need to take the boxes into the warehouse?

私たちは、箱を倉庫に運ぶ必要はありますか。

(A) He'll move next month.

来月、彼は引っ越す予定です。

(B) A factory tour.

工場見学です。

(C) Yes, let's use that cart over there.

はい、あちらにあるカートを使いましょう。

🔰 語彙　□ **take A into B** AをBに運ぶ
　　　　　□ **over there** あちらに

箱を運ぶ必要があるかどうかを尋ねる質問に、明確にYes と答え、カートを使うことを提案している(C)が正解。(A) のmoveはここでは目的語がなく、自動詞「引っ越す」の意味 で使われており、また、主語Heが誰を示すのか不明である。

14. 正解 (B)

(74) Were there any calls while I was out?

🇺🇸 私が外出中に電話はありましたか。
🇨🇦

(A) That happened late last night.

それは昨夜遅くに起きました。

(B) I didn't receive any.

かかってきませんでした。

(C) Within the next few days.

あと数日以内に。

語彙 □ **while** 〜の間 □ **happen** 発生する
□ **receive** 受け取る

外出中に電話があったかどうかを尋ねられ、電話がなかっ たことを答えている(B)が正解。「(電話を)受ける」という動 詞はreceiveを使う点を覚えておこう。(A)の応答では、主語 Thatが何を指すのかわからず、もし「昨夜遅くに電話がかか ってきた」と言いたければ、I received a call late last night. と言う必要があり、happen (発生する) を用いることはない。

15. 正解 (C)

(75) Will your customer drop by the office?

あなたのお客さんはオフィスに立ち寄る予定ですか。

(A) Yes, I applied for the position.

はい、私はその職に応募しました。

(B) You should get off the bus at that corner.

あの角でバスを降りた方がいいですよ。

(C) He didn't tell me his plans.

彼は予定を教えてくれませんでした。

語彙　□ **drop by ～**　～に立ち寄る
　　　□ **apply for ～**　～に応募する
　　　□ **get off**　降りる

　客の予定について尋ねられ、「予定を教えてもらっていないのでわからない」と伝えている (C) が正解。主語 He は客を指している。(A) の Yes という応答は成立するが、その後の文が適切な応答になっていない。Yes の段階で正解を決めないように、しっかり最後まで聞き取ろう。

11.

質問文 Are you thinking about suggesting the expansion plan at the board meeting?

応答文 Haven't you seen the agenda?

12.

質問文 Have the product samples been shipped yet?

応答文 We're not ready to send them yet.

13.

質問文 Do we need to take the boxes into the warehouse?

応答文 Yes, let's use that cart over there.

14.

質問文 Were there any calls while I was out?

応答文 I didn't receive any.

15.

質問文 Will your customer drop by the office?

応答文 He didn't tell me his plans.

11. thinking about は thinking の g が脱落し、スィンキンアバゥtのような発音になります。at the の at の t も脱落し、アッザのようにつなげましょう。

12. samples はサンプルズではなく、サァンポーz のような音になります。shipped の shi の音は唇を丸くつぼめ、「シュ」と発音する時のような形で「シ」を発音します。send them yet の部分は send の d が脱落し、センッゼムイェッt のようにスパッと一気に言いましょう。

13. need to の need の d が脱落し、ニーットゥのように発音します。take A into B（A を B へ運ぶ）はカタマリとして意識しましょう。that cart の that の最後の t は脱落し、ザッカーt のように言いましょう。

14. calls の発音はコールズではなく、最後の l は「ル」ではなく、どちらかというと暗く小さなウの音になります。つまりコーゥz のような発音になります。was out の部分はワザゥトのようにスムーズにつなげましょう。receive の発音記号は【risíːv】で、日本語読みのレシーブではなく、リシィーブとなります。

15. drop by 〜（〜に立ち寄る）というカタマリを意識しましょう。drop の発音記号は【dráp】で、ドゥラップのような発音になります。ドロップと日本語読みにならないように気をつけましょう。didn't tell me の didn't の t は脱落するため、ディドゥンテゥミーのように発音します。

なりきり 0.8

76 77 78

11.

質問文 Are you ----- about ----- the ----- plan at the ----- -----?

応答文 Haven't you ----- the -----?

12.

質問文 Have the ----- ----- been ----- yet?

応答文 We're not ----- to ----- them yet.

13.

質問文 Do we need to ----- the boxes ----- the -----?

応答文 Yes, let's ----- that ----- over there.

14.

質問文 Were there any ----- ----- I was -----?

応答文 I didn't ----- any.

15.

質問文 Will your customer ----- ----- the -----?

応答文 He didn't ----- me his -----.

STEP 1 リピート音読5回

音読用スクリプトを見ながら、音声のあとに続いて質問文と応答文をそれぞれリピートしましょう。 **5回**

1	2	3	4	5

STEP 2 穴埋め音読5回 リピート音読

穴埋め音読用スクリプトを見て、空所を埋めながら音読します。音声のあとに続いて、質問文と応答文をそれぞれリピートしましょう。 **5回**

1	2	3	4	5

STEP 3 穴埋め音読5回 なりきり音読

穴埋め音読用スクリプトを見て、空所を埋めながら音読します。問題番号の音声のあとに続いて、質問文を言いましょう。リピート練習ではありません。 **5回**

1	2	3	4	5

STEP 4 1文丸ごと暗唱5回 0.8倍速スピード

何も見ずに、音声のあとに続いて、質問文と応答文をそれぞれリピートしましょう。 **5回**

1	2	3	4	5

STEP 5 1文丸ごと暗唱10回 普通スピード

何も見ずに、音声のあとに続いて、質問文と応答文をそれぞれリピートしましょう。 **10回**

1	2	3	4	5
6	7	8	9	10

計30回 達成!! 頑張りました!	日付 /

Yes/No 疑問文　その４

問題を解きましょう。

16. Mark your answer on your answer sheet. 🔊79

17. Mark your answer on your answer sheet. 🔊80

18. Mark your answer on your answer sheet. 🔊81

19. Mark your answer on your answer sheet. 🔊82

20. Mark your answer on your answer sheet. 🔊83

16. 正解 (C)

(79) Have the tickets already sold out?

🇬🇧 チケットは既に売り切れましたか。
🇦🇺

(A) I'm ready to go.

行く準備ができています。

(B) At a movie theater nearby.

近くにある映画館で。

(C) There are still a few back-row seats.

後方列の座席なら何枚かまだあります。

語彙　□ **sell out**　完売する

□ **be ready to ～**　～する準備ができている

□ **nearby**　近くに　□ **a few**　いくつかの

□ **row**　列

　客がチケットを購入する際に、チケットが完売してしまったかどうかが気になって質問している場面を想像しよう。それに対して、完売しておらず、何枚かチケットが残っていると答えている(C)が正解。

17. 正解 (A)

(80) Are you going to hire a caterer for Adam's

🇦🇺 retirement party?
🇨🇦

Adam の退職パーティーに仕出し業者を雇うつもりですか。

(A) It depends on our budget.

それは予算次第です。

(B) The fee includes lunch during the tour.

その料金には、ツアー中のランチが含まれます。

(C) We need more pens and paper.

私たちはもっとペンと紙が必要です。

語彙　□ **hire** 雇う　□ **caterer** 仕出し業者
□ **retirement** 退職
□ **depend on ~** ~次第　□ **budget** 予算
□ **fee** 料金　□ **include** 含む

退職パーティーの際に仕出し業者を雇うかどうかは予算次第であると答えている (A) が正解。予算に余裕があれば雇うし、余裕がなければ雇わないということがわかる。(C) では、「ペンと紙が必要」と言っているが、仕出し業者を雇うこととは関係ないため不正解。

18. 正解 (C)

Did Helen replace the light bulbs yesterday?

昨日、Helen は電球を取り替えましたか。

(A) Because we don't have a ladder.

なぜなら私たちはハシゴを持っていないからです。

(B) Tomorrow works for me.

私にとって明日は都合がいいです。

(C) I haven't seen her since last week.

先週から彼女に会っていません。

語彙　□ **replace** 取り替える　□ **light bulb** 電球
□ **ladder** ハシゴ

Helen に会っていないということを伝え、「Helen が電球を取り替えたかどうかはわからない」と暗に意味している (C)

117

が正解。(A) の Because... から始まる返答は、Why (なぜ) で問われた時の応答の仕方であり、Yes/No 疑問文で問われた場合は Because... では返答できない。

19. 正解 (B)

Are there any stores selling refreshments around here?

この辺に軽食を売っているお店はありますか。

(A) I can't see the difference.

私は違いがわかりません。

(B) There are a few cafés and bakeries on Central Avenue.

カフェやパン屋が Central 通りにいくつかあります。

(C) We changed the package design.

私たちはパッケージのデザインを変更しました。

語彙　□ **refreshments** 軽食 (「軽食」の意味では複数形を用いる)
　　□ **bakery** パン屋

軽食が買えるお店としてカフェやパン屋があることを伝えている (B) が正解。refreshments (軽食) は軽い食べ物や飲み物のことをいい、snack (軽食) や coffee (コーヒー) などに言い換えられることがある。

20. 正解 (A)

(83)

Has the new accounting manager been appointed?

新しい経理部長は任命されましたか。

(A) I'm hoping it'll be Mr. Kato.

加藤さんになるといいなと思っています。

(B) Her computer needs to be fixed.

彼女のコンピューターは直す必要があります。

(C) Can I post my comment on the Web site?

ウェブ上に私のコメントを投稿してもいいですか。

語彙　□ **accounting** 経理　□ **appoint** 任命する
　　　□ **fix** 修理する　□ **post** 投稿する

　新しい経理部長が任命されたかどうかの質問に対し、「加藤さんになるといいな」という願望を伝え、暗に「まだ任命されていない」ということを意味している(A)が正解。(C)の my comment は何に対するコメントなのか不明であり、また、新しい経理部長の任命に関するコメントと考えるのは不自然。

16.

質問文 Have the tickets already <u>sold out</u>?

応答文 There are still a few back-row <u>seats</u>.

17.

質問文 Are you <u>going to</u> hire a <u>caterer</u> for Adam's retirement party?

応答文 <u>It depends on</u> our budget.

18.

質問文 Did Helen replace the light <u>bulbs</u> yesterday?

応答文 I haven't <u>seen</u> her since last week.

19.

質問文 Are there <u>any stores selling refreshments</u> around here?

応答文 There are a few <u>cafés</u> and bakeries on Central Avenue.

20.

質問文 Has the new accounting manager been appointed?

応答文 I'm hoping <u>it'll be</u> Mr. Kato.

16. sold out はソールドアウトではなく、ソーゥダゥ t のように
につながります。sold の l はクリアに「ル」と発音しない点
に気をつけましょう。seats の単数形 seat はスィー t という発
音で、発音記号は【síːt】です。ニコッと笑顔を作る時のよう
に口を横に広げてスィー t と発音します。スィーは C と同じ発
音です。

17. going to はゴゥイントゥのようにつなげて発音しましょ
う。caterer の発音記号は【kéitərər】で、ケイタラーという
発音になります。depends on ～（～次第です）はカタマリと
して意識しましょう。It depends on の It の t は脱落し、イ
ッディペンゾンのようにスムーズに読みましょう。

18. bulbs の単数形 bulb の発音記号は【bálb】で、複数形
になるとボーブズのような発音になります。seen の発音記号
は【síːn】で、笑顔の時と同じように、口を横に広げ、スィー
ンと発音しましょう。

19. any stores selling refreshments の下線部分が「軽食
を売っている店」のように、後ろから any stores を修飾して
いる構造を意識しましょう。音読する際には、「店 ⇦（どんな
店かというと）軽食を売っている」のように、情報を付け足す
意識で音読しましょう。café の発音記号は【kæféi】で、複
数形はカフェイズと発音し、「フェ」の部分にアクセントを置
きましょう。

20. I'm hoping の後ろには主語＋動詞が続く構造を意識
しましょう。it'll はイトルのような発音ではなく、イローのよ
うな発音になります。後ろに be が続くため、it'll be はイロビ
ーのようにつなげていきましょう。

なりきり 0.8

🔊 84 🔊 85 🔊 86

16.

質問文 Have the ----- already ----- -----?

応答文 There are still ----- ----- back-row seats.

17.

質問文 Are you going to ----- a ----- for Adam's ----- party?

応答文 It ----- ----- our -----.

18.

質問文 Did Helen ----- the ----- ----- yesterday?

応答文 I haven't ----- her ----- last week.

19.

質問文 ----- ----- any stores ----- ----- around here?

応答文 ----- ----- a few cafés and ----- on Central Avenue.

20.

質問文 Has the new ----- ----- been -----?

応答文 I'm ----- it'll be Mr. Kato.

STEP 1 リピート音読5回

音読用スクリプトを見ながら、音声のあとに続いて質問文と応答文をそれぞれリピートしましょう。 **5回**

1	2	3	4	5

STEP 2 穴埋め音読5回 リピート音読

穴埋め音読用スクリプトを見て、空所を埋めながら音読します。音声のあとに続いて、質問文と応答文をそれぞれリピートしましょう。 **5回**

1	2	3	4	5

STEP 3 穴埋め音読5回 なりきり音読

穴埋め音読用スクリプトを見て、空所を埋めながら音読します。問題番号の音声のあとに続いて、質問文を言いましょう。リピート練習ではありません。 **5回**

1	2	3	4	5

STEP 4 1文丸ごと暗唱5回 0.8倍速スピード

何も見ずに、音声のあとに続いて、質問文と応答文をそれぞれリピートしましょう。 **5回**

1	2	3	4	5

STEP 5 1文丸ごと暗唱10回 普通スピード

何も見ずに、音声のあとに続いて、質問文と応答文をそれぞれリピートしましょう。 **10回**

1	2	3	4	5
6	7	8	9	10

計30回 達成!! 頑張りました! 　　日付 　　／

第3章

依頼・許可・勧誘／提案・申し出

20問

一心不乱に音読！
君の"集中"には
何も勝てない。

依頼・許可・勧誘／提案・申し出

　オフィスでの会話でよく使用されるのは、「依頼・許可・勧誘／提案・申し出」の表現です。Could you…? や Can I…? など似た表現が多いですが、しっかり聞き分け、意味を区別し、瞬時に相手の意図がわかるようにしておきましょう。

 文の種類

その1：依頼をする時に使う文 87

　「〜していただけますか」と相手に何かするように依頼する時に使う文です。

> Could you 〜? / Can you 〜? / Would you 〜? /
> Would you mind Ving 〜?　など

質問文　Could you check the e-mail about tomorrow's photo shoot?
明日の撮影についてのメールを確認していただけますか。

直接的な応答文　I'll do that right away.
すぐに確認します。

間接的な応答文　I haven't been able to connect to the Internet since this morning.
朝からインターネットにつながらないんです。

その2：許可を得る時に使う文

「〜してもいいですか」と相手に許可を得る時に使う文です。

> **Can I 〜? / May I 〜? / Do you mind if I 〜? /**
> **Would it be possible to 〜? など**

質問文　Can I open the window?
窓を開けてもいいですか。

直接的な応答文　Yes, it's a bit hot in here.
はい。ここは少し暑いですね。

間接的な応答文　How about turning on the air conditioner?
エアコンをつけるのはどうですか。

その3：勧誘／提案をする時に使う文

「(一緒に)〜しましょう」や「〜したらどうですか」と、相手を誘ったり、相手に何かするように提案する時に使う文です。

> **Why don't we (you) 〜? / Let's 〜. /**
> **How about 〜?/ Would you like to 〜? など**

質問文　Would you like to go see a movie with us?
私たちと映画を見に行きませんか。

直接的な応答文　I'd love to.
ぜひそうしたいです。

間接的な応答文　I have to get this report done today.
今日、このレポートを終わらせなければなりません。

※Would you like to 〜? は直訳すると「〜したいですか」という意味
ですが、「〜しませんか」と勧誘の表現として使われます。

質問文 Why don't you apply for this job?

この仕事に応募してみたらどうですか。

直接的な応答文 OK, I will.

はい、そうします。

間接的な応答文 Do you think I'm qualified?

私に資格があると思いますか。

※Why don't you 〜? は直訳すると「なぜ〜しないのですか」という意
味ですが、「〜したらどうですか／〜するのはどうですか」という勧
誘や提案の表現として使われます。

その4：申し出をする時に使う文

「〜しましょうか」のように、相手のために何かすることを申
し出たり、こちらの希望や意見を相手に伝える時に使います。

> **Can I help 〜? / Would you like me to 〜? /**
> **Do you want me to 〜? / Shall I 〜? など**

質問文 Do you want me to pick you up at the airport?

空港に迎えに行きましょうか。

直接的な応答文 I would appreciate it.

感謝致します。

間接的な応答文 I can use the hotel's free bus service.

ホテルの無料バスを利用できます。

依頼・許可・勧誘／提案・申し出　その1

問題を解きましょう。

1. Mark your answer on your answer sheet. 　91

2. Mark your answer on your answer sheet. 　92

3. Mark your answer on your answer sheet. 　93

4. Mark your answer on your answer sheet. 　94

5. Mark your answer on your answer sheet. 　95

1. 正解 (C)

(91) Could you keep the window open?

窓を開けたままにしてくれますか。

(A) We opened last week.

先週、私たちはオープンしました。

(B) It's close to our office.

私たちのオフィスに近いです。

(C) Yes, we need fresh air.

はい、新鮮な空気が必要ですね。

語彙
□ **keep ~ open** ～を開けたままにしておく
□ **close to ~** ～に近い
□ **fresh air** 新鮮な空気

Could you ~?は「～してくれますか」という依頼表現。依頼され、「新鮮な空気が必要ですね」と窓を開けておくことに同意している(C)が正解。(A)の応答で使われているopenedは質問文で使われているopenと同じ単語を使用した引っ掛けなので注意しよう。

2. 正解 (A)

(92) Do you mind if I take this seat?

この座席に座っても構いませんか。

(A) My colleague will be back soon.

同僚がすぐに戻ってきます。

(B) On the order sheet.

注文書の上です。

(C) Sorry, we don't carry that item.
申し訳ありません、そちらの品物は扱っておりません。

■ 語彙　□ **colleague** 同僚　□ **order sheet** 注文書
　　　　□ **carry** 取り扱う

　Do you mind if I ～?は「私が～しても構いませんか」という許可を得る時に使う表現。動詞mindは「～を嫌だと思う」という意味であるため、直訳すると、「もし私が～したら嫌ですか」という意味になる。ここでは、同僚が戻ってくると答え、座席は使用中だということを伝えている(A)が正解。

3. 　正解 (B)

(93) Why don't we interview these candidates together?
これらの候補者を一緒に面接するのはどうですか。

(A) The cost of housing is increasing.
住宅費は増加しています。

(B) I hope they can all come on the same day.
彼らが同じ日に集まれるといいですね。

(C) They'll be evaluated on a monthly basis.
彼らは月1度のペースで評価を受けます。

■ 語彙　□ **interview** 面接する
　　　　□ **candidate** 候補者　□ **increase** 増加する
　　　　□ **on a monthly basis** 月1度のペースで

　Why don't we ～?は「～するのはどうですか」と提案する時の表現。同じ日に集まって一緒に面接を実施できることを

願っている発言をしている(B)が正解。候補者を一緒に面接
することと、住宅費が増加していることの関係性は明確では
ないので(A)は不正解。

4. 　正解 (B)

(94) Can I help you carry your luggage?

荷物を運ぶのを手伝いましょうか。

(A) You should adjust the cable.

ケーブルを調整してください。

(B) It isn't that heavy.

それはそんなに重くありません。

(C) As long as he can.

彼ができる限り。

語彙　　□ **adjust**　調整する

□ **as long as 〜**　〜する限り

Can I help 〜?は「〜を手伝いましょうか」という手伝いの
申し出をする時の表現。〈help + you + 動詞〉で「あなたが〜
することを手伝う」という意味になる構造を確認しておこう。
ここでは、荷物が重くないことを説明し、遠回しに手伝いが
不要なことを伝えている(B)が正解。

5. 正解 (C)

(95) Let's take a look at the sample materials from our supplier.

サプライヤーからのサンプル素材を見てみましょう。

(A) That's a great deal!

それはお買い得ですね。

(B) The judge will select a winner.

審査員が優勝者を選びます。

(C) All right, I'll be free after lunch.

わかりました。昼食の後、空いています。

語彙 □ **material** 素材 □ **supplier** 供給会社
□ **deal** 取引 □ **judge** 審査員

Let's～. は「(一緒に)～しましょう」と相手を誘う表現。All right と質問に対して明確に了解し、昼食の後に時間があり、その時にサンプル素材を一緒に見ることができるということを伝えている (C) が正解。(A) は、相手が商品を割引価格で買ったことに対する応答の仕方であり、ここでは不適切な応答となる。

1.

質問文 Could you keep the window open?

応答文 Yes, we need fresh air.

2.

質問文 Do you mind if I take this seat?

応答文 My colleague will be back soon.

3.

質問文 Why don't we interview these candidates together?

応答文 I hope they can all come on the same day.

4.

質問文 Can I help you carry your luggage?

応答文 It isn't that heavy.

5.

質問文 Let's take a look at the sample materials from our supplier.

応答文 All right, I'll be free after lunch.

1. Could you はクッジューのような発音になります。keep the window open は〈keep＋目的語＋形容詞：目的語を～のままにする〉という構造を意識しましょう。air の発音記号は【er】です。rの部分は舌を巻くようにして音を出し、「ア」の音にならないよう、r の音を意識してみましょう。

2. Do you mind if ～をカタマリでとらえ、後ろには〈主語＋動詞〉が続く構造を意識しましょう。take の発音記号は【téik】です。テークではなく、テイクのように発音しましょう。seat の発音記号は【síːt】で、笑った時のように口を横に広げ「スィーt」と発音しましょう。

3. Why don't we は、ワイドンウィのようにつなげていきましょう。I hope の後ろには〈主語＋動詞〉と続き、「～だと望んでいます」という意味なる構造を意識しましょう。all come の部分は、オールカムと発音せず、オーカm のように発音しましょう。m の部分は唇を閉じた時に多少音が出る程で、「ム」とハッキリ言う必要はありません。

4. Can I はキャナイのようにつながります。help you の部分もヘォプューのようにつなげて発音しましょう。isn't that heavy の部分もイズンッザッヘビーのようにスムーズにつなげて読みましょう。

5. look at は look の k と at の t が脱落し、ルッカッのように発音します。All はオールと「ル」をクリアに発音せず、All right はオーライッのような発音になります。I'll はアイルのように最後の l をハッキリ発音するのではなく、アィゥのような発音になります。

なりきり　0.8

96　97　98

1.

質問文 Could you ----- the window -----?

応答文 Yes, we ----- fresh air.

2.

質問文 ----- ----- ----- ----- I take this seat?

応答文 My ----- will ----- ----- soon.

3.

質問文 ----- ----- ----- interview these -----
together?

応答文 I hope ----- can all ----- on the -----
day.

4.

質問文 ----- ----- help you ----- your luggage?

応答文 ----- isn't that -----.

5.

質問文 ----- ----- a ----- at the sample -----
from our -----.

応答文 All right, I'll ----- ----- after lunch.

STEP 1　リピート音読5回

音読用スクリプトを見ながら、音声のあとに続いて質問文と応答文をそれぞれリピートしましょう。　**5回**

1	2	3	4	5

STEP 2　穴埋め音読5回　リピート音読

穴埋め音読用スクリプトを見て、空所を埋めながら音読します。音声のあとに続いて、質問文と応答文をそれぞれリピートしましょう。　**5回**

1	2	3	4	5

STEP 3　穴埋め音読5回　なりきり音読

穴埋め音読用スクリプトを見て、空所を埋めながら音読します。問題番号の音声のあとに続いて、質問文を言いましょう。リピート練習ではありません。　**5回**

1	2	3	4	5

STEP 4　1文丸ごと暗唱5回　0.8倍速スピード

何も見ずに、音声のあとに続いて、質問文と応答文をそれぞれリピートしましょう。　**5回**

1	2	3	4	5

STEP 5　1文丸ごと暗唱10回　普通スピード

何も見ずに、音声のあとに続いて、質問文と応答文をそれぞれリピートしましょう。　**10回**

1	2	3	4	5
6	7	8	9	10

計30回 達成!! 頑張りました!　　日付　　／

問題を解きましょう。

6. Mark your answer on your answer sheet.　(◀99)

7. Mark your answer on your answer sheet.　(◀100)

8. Mark your answer on your answer sheet.　(◀101)

9. Mark your answer on your answer sheet.　(◀102)

10. Mark your answer on your answer sheet.　(◀103)

6. 正解 (C)

(99) Do you mind if I use your stapler?

ホッチキスをお借りしても構いませんか。

(A) All the doors are locked.

全てのドアに鍵がかけられています。

(B) I missed the last train.

最終電車を逃しました。

(C) Here it is.

はい、どうぞ。

語彙　□ **stapler** ホッチキス　□ **lock** 鍵をかける
□ **miss** 逃す

　Do you mind if I ～ ? は「私が～しても構いませんか」という許可を得る時に使う表現。ここでは、「はい、どうぞ」とホッチキスを手渡している様子がわかる (C) が正解。ドアに鍵がかかっていることと、ホッチキスが借りられるかどうかは関係ないため、(A) は正解にはならない。

7. 正解 (A)

(100) Would you mind checking to see if this sweater is still in stock?

このセーターがまだ在庫があるかどうか確認していただけますか。

(A) This is the last one we have.

これが私たちの持っている最後のものです。

(B) I need a smaller one.

より小さいのが必要です。

(C) That's very kind of you.

ご親切にどうもありがとうございます。

□ **in stock** 在庫がある □ **last** 最後の

Would you mind Ving〜?は「〜していただけますか」という依頼表現。直訳すると「〜することは嫌ですか」という意味になる。ここでは、目の前にあるセーターが最後の1点だと返答し、在庫はないことを伝えている(A)が正解。the last oneのoneはsweaterを指している。(C)は、何かをした際に相手から述べられるお礼の言葉。

8. 正解 (B)

(101) Can I get copies of the contracts?

契約書のコピーをいただけますか。

(A) We're very pleased about it.

私たちはとても嬉しく思っています。

(B) Sure, I'll send them to you by mail.

もちろんです。郵便で送ります。

(C) About the new security policy.

新しい安全規則についてです。

□ **contract** 契約書
□ **be pleased about** 〜 〜について嬉しく思う
□ **by mail** 郵便で
□ **security policy** 安全規則

Can I 〜?は「〜してもいいですか」と許可を得る時の表現。郵便で送ると伝えている(B)が正解。Can I 〜?と尋ねられて

Sure（もちろん）と返答するのはよくある応答パターン。ぜひセットで覚えよう。(C)は、What is this document about?（この資料は何に関してですか）のような質問に対する応答となるため、ここでは不正解。

9.　正解 (B)

(102) Why don't you join us for dinner tonight?

今夜、私たちと夕食に行きませんか。

(A) The movie has good reviews.

その映画は評判がいいです。

(B) I wish I could.

そうできたらいいのですが。

(C) Around the corner on Maple Street.

Maple通りの角の辺りです。

語彙　□ **review** 評判

Why don't you～?は「～するのはどうですか」と相手を誘う時に使える表現。「行けたらいいな（けど行けない）」と伝えている(B)が正解。I wish I could. は「そうできたらいいのに」という願望はあるけれど、実際には実行できない時に使う表現。(A)は、映画の評判と夕食に行くか行かないかは関係ないので不正解。

10. 正解 (A)

(103) Can I help edit the promotional video?

🇬🇧🇺🇸 宣伝用ビデオの編集を手伝いましょうか。

(A) Oh, I didn't know you had those skills.

あぁ、あなたがそのような技術を持っているとは知りませんでした。

(B) Yes, Toshi is a magazine editor.

はい、Toshi は雑誌編集者です。

(C) His new album is not selling well.

彼の新しいアルバムはあまり売れていません。

語彙 □ **edit** 編集する
□ **promotional video** 宣伝用ビデオ
□ **magazine editor** 雑誌編集者

Can I help〜? は「〜を手伝いましょうか」という申し出をする時の表現。ここでは、〈help ＋動詞〉で「〜することを手伝う」という組み立てになっている。those skills (そのような技術) はビデオの編集の技術を意味し、「編集の技術があることを知らなかった」とやや驚いた様子で伝えている (A) が正解。(B) で使われている単語 editor は、質問文で使われている edit の引っ掛けで使われている。「似ている単語が聞こえたから」という理由で正解を選ぶのではなく、しっかり文脈を理解して正解を選ぼう。

6.

質問文 Do you mind if I use your stapler?

応答文 Here it is.

7.

質問文 Would you mind checking to see if this sweater is still in stock?

応答文 This is the last one we have.

8.

質問文 Can I get copies of the contracts?

応答文 Sure, I'll send them to you by mail.

9.

質問文 Why don't you join us for dinner tonight?

応答文 I wish I could.

10.

質問文 Can I help edit the promotional video?

応答文 Oh, I didn't know you had those skills.

6. Do you mind if ～をカタマリとしてとらえ、後ろに〈主語＋動詞〉が続く構造を意識しましょう。直訳は「もし～なら嫌ですか」という意味です。it is はイティーズのようにスムーズにつなげましょう。

7. Would you mind をカタマリとしてとらえ、後ろに動名詞が続くことを意識しましょう。直訳すると「～するのは嫌ですか」という意味です。sweater の発音記号は【swétər】です。セーターとは発音せず、スウェターのような発音になります。

8. Can I はキャナィとつながります。copy の発音記号は【kápi】で、get copies of はゲッカピーゾブのようにスムーズにつなげましょう。send them は send の d が脱落し、センッゼムのように発音しましょう。

9. Why don't you はワイドンチュー、join us はジョイナスのようにつなげて発音しましょう。

10. Can I はキャナィとつなげて発音しましょう。edit の t は脱落するため、edit the はエディッザのように後ろに続きます。skills はスキルズのように l を「ル」とハッキリと発音してしまうとカタカナ英語になります。スキゥズのように、l は舌先を上の歯の裏面に持ってきて、弱いウのように発音してみましょう。

なりきり　0.8
104　105　106

6.

質問文　----- ----- ----- ----- I use your stapler?

応答文　Here ----- -----.

7.

質問文　----- ----- ----- ----- to see if this sweater is still ----- -----?

応答文　This is the ----- ----- we have.

8.

質問文　----- ----- get copies of the -----?

応答文　Sure, I'll ----- them ----- you by mail.

9.

質問文　----- ----- ----- join us for dinner tonight?

応答文　I ----- I -----.

10.

質問文　----- ----- help ----- the ----- video?

応答文　Oh, I didn't know ----- had ----- -----.

STEP 1　リピート音読5回

音読用スクリプトを見ながら、音声のあとに続いて質問文と応答文をそれぞれリピートしましょう。　**5回**

1	2	3	4	5

STEP 2　穴埋め音読5回　リピート音読

穴埋め音読用スクリプトを見て、空所を埋めながら音読します。音声のあとに続いて、質問文と応答文をそれぞれリピートしましょう。　**5回**

1	2	3	4	5

STEP 3　穴埋め音読5回　なりきり音読

穴埋め音読用スクリプトを見て、空所を埋めながら音読します。問題番号の音声のあとに続いて、質問文を言いましょう。リピート練習ではありません。　**5回**

1	2	3	4	5

STEP 4　1文丸ごと暗唱5回　0.8倍速スピード

何も見ずに、音声のあとに続いて、質問文と応答文をそれぞれリピートしましょう。　**5回**

1	2	3	4	5

STEP 5　1文丸ごと暗唱10回　普通スピード

何も見ずに、音声のあとに続いて、質問文と応答文をそれぞれリピートしましょう。　**10回**

1	2	3	4	5
6	7	8	9	10

計30回 達成!! 頑張りました!	日付　　／

問題を解きましょう。

11. Mark your answer on your answer sheet. (107)

12. Mark your answer on your answer sheet. (108)

13. Mark your answer on your answer sheet. (109)

14. Mark your answer on your answer sheet. (110)

15. Mark your answer on your answer sheet. (111)

11. 正解 (B)

(107) Can you register the customers' profiles?

顧客のプロフィールを登録してもらえますか。

(A) In the latest book.

最新の本の中です。

(B) I'll work on it right after lunch.

昼食の後すぐにやります。

(C) The servers look busy.

接客係は忙しそうです。

語彙　□ **register** 登録する　□ **customer** 顧客
□ **profile** プロフィール　□ **latest** 最新の
□ **work on** 〜　〜に取り掛かる
□ **server** 接客係

　Can you〜?は「〜してもらえますか」と依頼をする時に使う表現。その依頼に対して、「昼食の後すぐにやります」と答えている(B)が正解。(A)では、場所を表す前置詞inが使われており、質問とは関係ない場所を答えているため不正解。
　また、プロフィールの登録を依頼されているのは接客係ではないため、接客係が忙しくても関係がなく、(C)も応答として成立しない。

12. 正解 (A)

(108) May I leave my bag here for a moment?

少しの間、ここにカバンを置いていっていいですか。

(A) You can use the locker over there.

向こうのロッカーをお使いいただけます。

(B) He'll leave the office early today.

彼は今日、早くに退社します。

(C) We're having trouble with the projector.

プロジェクターに問題があります。

✕ 語彙
- ☐ **leave** 置いておく
- ☐ **for a moment** 少しの間
- ☐ **over there** 向こうに
- ☐ **have trouble with ~** ~に問題がある

May I ~?は「~してもいいですか」と許可を得る時に使う表現。カバンが置ける場所として、ロッカーが使えることを伝えている(A)が正解。(B)のleaveは「去る」という意味で使われている。質問文と同じ単語が聞こえたからといって安易に選ばないように注意しよう。その場合は、引っ掛けであることがほとんどだ。

13. 正解 (A)

(109) How about inviting an author to our bookstore?

著者を私たちの本屋に招待するのはどうですか。

(A) Actually, one of my friends is a famous novelist.

実は、私の友達は有名な小説家です。

(B) Please put the book back on the shelf.

その本を棚に戻してください。

(C) By setting up tables and chairs.

机と椅子を設置することによって。

❌ 語彙　□ **author** 著者　□ **novelist** 小説家
　　　　□ **shelf** 棚　□ **set up** 設置する

　How about ～ ? は「～するのはどうですか」と、相手に提案や勧誘をする時の表現。ここでは本屋に著者を招待することを提案している。それに対し、「友達は有名な小説家です」と、招待できる著者として相手に情報を与えている(A)が正解。ちなみに、TOEICの世界では、本屋に著者を招き、本の宣伝や売上増加を狙ったイベントがよく行われる。

14. 正解 (C)

(110) Would you like me to update the Web site?

🎌🇨🇦 ウェブサイトを更新しましょうか。

(A) He found a job last month.
　　先月、彼は仕事を見つけました。

(B) Leave them on the counter.
　　それらをカウンターの上に置いておいてください。

(C) Yes, please.
　　はい、お願いします。

❌ 語彙　□ **update** 更新する　□ **leave** 置いておく

　Would you like me to ～ ? は「～しましょうか」という申し出をする時の表現。直訳では「私に～してほしいですか」という意味になる。ここでは「～しましょうか」と尋ねられた時の典型的な応答である(C) Yes, please. が正解。

15. 正解 (C)

(111) Would you like to go jogging with me tomorrow?

明日、一緒にジョギングしに行きませんか。

(A) How long have you been there?

どのくらいの間、そこにいたのですか。

(B) In the local botanical garden.

地元の植物園です。

(C) That sounds refreshing.

気分が良さそうですね。

語彙
- □ **local** 地元の
- □ **botanical garden** 植物園
- □ **sound** 〜に思われる
- □ **refreshing** 気分をすっきりさせる

Would you like to〜?は「〜しませんか」という勧誘表現。直訳は「〜したいですか」という意味になる。ジョギングに行かないかと尋ねられ、「気分が良さそう（だから行きたい）」と伝えている (C) が正解。ちなみに、この That sounds〜. (〜のようですね) という表現は他に That sounds good / great. (良さそうですね) などがあり、誘われた時の定番の応答表現。

11.

質問文 Can you register the customers' profiles?

応答文 I'll work on it right after lunch.

12.

質問文 May I leave my bag here for a moment?

応答文 You can use the locker over there.

13.

質問文 How about inviting an author to our bookstore?

応答文 Actually, one of my friends is a famous novelist.

14.

質問文 Would you like me to update the Web site?

応答文 Yes, please.

15.

質問文 Would you like to go jogging with me tomorrow?

応答文 That sounds refreshing.

11. Can you はキャンユーとつなげて読みましょう。profile の日本語訳はプロフィールですが、英語の発音記号は【próufail】で、プロウファイルという発音です。work on it はワークオンニ:t のようにつなげます。work on 〜で「〜に取り組む」というカタマリも意識しましょう。

12. 〈leave ＋目的語＋場所：目的語を〜に置いていく〉という構造を理解しましょう。for a moment（少しの間）というカタマリも意識しましょう。

13. 〈How about ＋動名詞：〜するのはどうですか〉で1つのカタマリになっています。invite の後ろには to が置かれることが多く、「〜へ招待する」のように続く点を意識しましょう。

14. Would you はウッジューのように発音しましょう。最初の Would は W で始まるので、唇を少し突き出すようにして音を出すため、ウォに近い発音になります。Would you like me to 〜は、「〜しましょうか」と相手に尋ねる時に使う頻出フレーズです。update の発音記号は【λpdéit】です。アップデートではなく、アップデイt のように発音しましょう。

15. go jogging は、〈go ＋動名詞（〜しに行く）〉のカタマリを意識しましょう。Would you like to go の部分は Would の部分を強く、あとは jogging まで若干下がり調子気味に読んでいくことがポイントです。

なりきり　0.8

(112) (113) (114)

11.

質問文 ----- ----- ----- the customers' profiles?

応答文 I'll ----- ----- it right after lunch.

12.

質問文 ----- ----- leave my bag here ----- a -----?

応答文 You can ----- the ----- over there.

13.

質問文 ----- ----- ----- an ----- to our bookstore?

応答文 Actually, ----- of my friends is a ----- -----.

14.

質問文 ----- you ----- me ----- update the Web site?

応答文 Yes, -----.

15.

質問文 ----- ----- ----- to go ----- with me tomorrow?

応答文 That ----- -----.

🚂 STEP 1 リピート音読5回

音読用スクリプトを見ながら、音声のあとに続いて質問文と応答文をそれぞれリピートしましょう。 **5回**

1		2		3		4		5	

🚂 STEP 2 穴埋め音読5回 リピート音読

穴埋め音読用スクリプトを見て、空所を埋めながら音読します。音声のあとに続いて、質問文と応答文をそれぞれリピートしましょう。 **5回**

1		2		3		4		5	

🚂 STEP 3 穴埋め音読5回 なりきり音読

穴埋め音読用スクリプトを見て、空所を埋めながら音読します。問題番号の音声のあとに続いて、質問文を言いましょう。リピート練習ではありません。 **5回**

1		2		3		4		5	

🚂 STEP 4 1文丸ごと暗唱5回 0.8倍速スピード

何も見ずに、音声のあとに続いて、質問文と応答文をそれぞれリピートしましょう。 **5回**

1		2		3		4		5	

🚂 STEP 5 1文丸ごと暗唱10回 普通スピード

何も見ずに、音声のあとに続いて、質問文と応答文をそれぞれリピートしましょう。 **10回**

1		2		3		4		5	
6		7		8		9		10	

計30回 達成!! 頑張りました! | 日付 ／

問題を解きましょう。

16. Mark your answer on your answer sheet. (115)

17. Mark your answer on your answer sheet. (116)

18. Mark your answer on your answer sheet. (117)

19. Mark your answer on your answer sheet. (118)

20. Mark your answer on your answer sheet. (119)

16. 正解 (C)

(115) Could you tell me why the shipment was late?

🇦🇺🇬🇧 なぜ出荷が遅れたのか教えていただけますか。

(A) Yes, they're going by plane.

はい、彼らは飛行機で行きます。

(B) The fee is 200 dollars.

料金は200ドルです。

(C) I'll explain at the upcoming meeting.

次のミーティングで説明します。

❌ 語彙　　□ **shipment** 出荷　□ **fee** 料金
　　　　□ **upcoming** 次の

　Could you～?は「～してくれますか」という依頼表現。こ
こでは出荷が遅れた理由を尋ねている。それに対し、「次の
ミーティングで(その理由を)説明する」と述べている(C)が正
解。(A)のように、依頼されたことに対してYesと応答する
のは正しいが、その後の内容が尋ねられた内容とマッチしな
いため不正解。

17. 正解 (B)

(116) Would it be possible to extend the deadline?

🇨🇦🇺🇸 期限を延ばすことは可能でしょうか。

(A) During this week.

今週中です。

(B) I can wait until next Wednesday.

来週の水曜日まで待てますよ。

(C) He's very reliable.

彼はとても信頼できます。

❎ 語彙 □ **extend** 延ばす □ **deadline** 期限
□ **during** ～の間 □ **reliable** 信頼できる

Would it be possible to～は「～することは可能ですか」
という意味。ここでは期限の延長ができるかを尋ねている。そ
の返答として「来週の水曜日まで待てる」と伝えた上で、期
限の延長が可能なことを示唆する(B)が正解。(A)の場合、
When will you complete the report? (いつ報告書は完成しま
すか) という問いに対して、During this week. (今週中に (完
成します)) のように応答することが可能。しかし、ここでは
期限を延ばせるかどうかの返答にはなっていないため不正解。

18. 正解 (A)

(117) Would you ask Maria if she can train the interns
on Monday?

Mariaが月曜日に実習生を指導できるか聞いてもらえますか。

(A) She'll be busy with another project next
week.

来週、彼女は他のプロジェクトで忙しくなります。

(B) How did you get here?

どうやってここに来たのですか。

(C) They are required to wear a uniform.

彼らは制服を着ることが求められます。

❎ 語彙 □ **train** 指導する □ **intern** 実習生
□ **be required to ～** ～することを求められる

　Would you〜?は「〜してもらえますか」という依頼表現。ここでは、〈Would you ask +（人）+ if〜：〜かどうか（人）に聞いてもらえますか〉という構文を用いている。実習生の指導ができるかどうかをMariaに尋ねるように依頼され、Mariaは来週忙しくなり指導ができないことを遠回しに伝えている(A)が正解。

19. 正解 (C)

(118) Shall I put up the notice in the break room?

🇬🇧🇦🇺 休憩室に案内を貼りましょうか。

(A) We hired cleaners.

　　私たちは清掃員を雇いました。

(B) I'd like to have another cup of coffee.

　　もう一杯コーヒーが飲みたいです。

(C) That would be good.

　　いいですね。

語彙　□ **put up 〜**　〜を貼る　□ **notice**　案内
　　　□ **hire**　雇う

　Shall I〜?は「〜しましょうか」と申し出をしている表現。それに対し、「(そうしてくれたら) いいですね」と、相手からの申し出を受け入れ、That would be good. (いいですね) と返答している(C)が正解。break room (休憩室) から連想して、coffeeが使われている(B)を安易に選ばないように注意しよう。

20. 正解 (B)

(119) Would you like me to book a booth for the trade show?

展示会のブースを予約しましょうか。

(A) The road is too narrow.

道路が狭すぎます。

(B) Let me check the layout of each booth.

それぞれのブースのレイアウトを確認させてください。

(C) It costs ten dollars per person.

一人当たり10ドルかかります。

語彙　□ **book** 予約する　□ **trade show** 展示会
□ **narrow** 狭い　□ **layout** レイアウト
□ **cost** （費用が）かかる

　Would you like me to ～? は「～しましょうか」という申し出をしている表現。展示会のブースの予約をすることを申し出ているのに対し、ブースのレイアウトの確認をしたいと伝えている (B) が正解。予約するのは、確認後にしてほしいということが伝わってくる応答。(C) では、料金を伝えているが、一人当たり10ドルかかることと、予約をすることの関係性がみられないため、適切な応答ではない。

16.

質問文 Could you tell me why the shipment was late?

応答文 I'll explain at the upcoming meeting.

17.

質問文 Would it be possible to extend the deadline?

応答文 I can wait until next Wednesday.

18.

質問文 Would you ask Maria if she can train the interns on Monday?

応答文 She'll be busy with another project next week.

19.

質問文 Shall I put up the notice in the break room?

応答文 That would be good.

20.

質問文 Would you like me to book a booth for the trade show?

応答文 Let me check the layout of each booth.

16. Could you はクッジューとつなげて発音しましょう。shipment の発音記号は【ʃípmənt】で、「シュ」という時のように唇を前に突き出して「シ」と発音しましょう。疑問詞 why の後ろには〈主語＋動詞〉が続くことを意識しましょう。at the upcoming meeting はアッジィアップカミン・ミーティンのように一息で言えるのが理想的です。

17. Would it be の部分はウッディッビーのような発音になります。Would it be possible to 〜（〜することは可能でしょうか）の後ろには動詞が続きます。1つの大きなカタマリの表現として意識しましょう。

18. Would you はウッジューのようにつなげて発音しましょう。最初の Would は W で始まるので、唇を少し突き出すように音を出すため、若干ウォに近い発音になります。train の tra の部分がトゥレのようになるため、トレインではなくトゥレインのように発音しましょう。

19. t は母音に挟まれると d のような音になります。そのため、put up の t の音も変化して up とつながり、プダップのような発音になります。That would be の部分はザッウッビーのようにつながります。

20. trade の発音記号は【tréid】です。tra はトゥレのような音になり、トレードではなく、トゥレイドのような発音になります。Let me の部分は Let の t が脱落するので、レッミーのように発音しましょう。

なりきり 0.8
120 121 122

16.

質問文 ----- ----- tell me why the ----- was -----?

応答文 I'll ----- at the ----- meeting.

17.

質問文 ----- ----- ----- ----- to ----- the deadline?

応答文 I can ----- ----- next Wednesday.

18.

質問文 ----- you ----- Maria ----- she can ----- the interns on Monday?

応答文 She'll be ----- ----- another ----- next week.

19.

質問文 ----- ----- ----- ----- the notice in the break room?

応答文 ----- ----- be good.

20.

質問文 ----- ----- ----- me ----- book a booth for the ----- -----?

応答文 ----- me ----- the ----- of each booth.

🚂 STEP 1 リピート音読5回

音読用スクリプトを見ながら、音声のあとに続いて質問文と応答文をそれぞれリピートしましょう。 **5回**

1	2	3	4	5

🚂 STEP 2 穴埋め音読5回 リピート音読

穴埋め音読用スクリプトを見て、空所を埋めながら音読します。音声のあとに続いて、質問文と応答文をそれぞれリピートしましょう。 **5回**

1	2	3	4	5

🚂 STEP 3 穴埋め音読5回 なりきり音読

穴埋め音読用スクリプトを見て、空所を埋めながら音読します。問題番号の音声のあとに続いて、質問文を言いましょう。リピート練習ではありません。 **5回**

1	2	3	4	5

🚂 STEP 4 1文丸ごと暗唱5回 0.8倍速スピード

何も見ずに、音声のあとに続いて、質問文と応答文をそれぞれリピートしましょう。 **5回**

1	2	3	4	5

🚂 STEP 5 1文丸ごと暗唱10回 普通スピード

何も見ずに、音声のあとに続いて、質問文と応答文をそれぞれリピートしましょう。 **10回**

1	2	3	4	5
6	7	8	9	10

計30回 達成!! 頑張りました! 　　日付 ／

第4章
平叙文

10問

無我夢中に音読！
君の"夢中"には
誰も勝てない。

平叙文

　平叙文とは、最後にクエスチョンマーク (?) がつく疑問文とは異なり、普通の肯定文や否定文を言います。単なる"意見"や"感想"、"独り言"に聞こえる平叙文にも、実は「共感してほしい」「手伝ってほしい」「配慮してほしい」など、話し手の「意図」や「メッセージ」が含まれていることが多いため、それらを読み取った上でどのような返答になるのかを想像することがポイントです。

　例えば、プレゼンを担当する同僚に「午後の会議まであと10分しかありません」と言えば、それは「準備は大丈夫？」という相手を気遣うメッセージや、「準備をしっかり間に合わせてね」というような相手への注意喚起として受け取れます。それに対する応答としては「もう準備は完璧に整っています」のような、相手の意図を汲んだ内容になるでしょう。
　一方で、一緒にランチを食べに外出した相手に「午後の会議まであと10分しかありません」と発した言葉であれば、それに対する応答としては「急いでオフィスに戻りましょう」という内容になるかもしれません。
　「午後の会議まであと10分しかありません」という同じ発言にもかかわらず、応答の仕方が異なるのがよくわかりますね。

　このように、発せられたメッセージがどのように受け取られるかは場面次第・相手次第であるため、多岐にわたる応答の仕方が考えられ、この平叙文を使った問題の難易度は高い傾向にあります。

文の種類

その1：**肯定文（現在形）** 🇺🇸🇬🇧 ⏺123

現在形の肯定文を使って、相手に伝えています。

平叙文 There's something wrong with the photo-copier.

コピー機の調子が悪いです。

応答例1 Let me take a look at it.

私に見させてください。

応答例2 It was working ten minutes ago.

10分前には動いてましたよ。

コピー機の修理を依頼しているわけではなく、コピー機の調子が悪いことを単に伝えています。応答例1のように、「コピー機の調子が悪い⇒問題を解決した方がいい⇒自分がコピー機の調子を確認してみます」というように解決の方向にに向かう場合もあれば、応答例2のように「10分前には動いていたのにおかしいですね」と、やや間接的な応答で、相手からの問題提示を素通りするパターンもあります。

その2：**肯定文（未来形）** 🇺🇸🇦🇺 ⏺124

未来形の肯定文を使って、相手に伝えています。
（この現在進行形は「近い未来」を表します。）

平叙文 I'm going on a trip next week.

来週、旅行に行く予定です。

応答例1	Where are you planning to go?
	どこに行く予定ですか。

応答例2	Who will cover your shift?
	誰があなたのシフトを代行するのですか。

「来週、旅行に行く予定です」と自分の予定を伝えています。ここに強い意図やメッセージは感じません。応答例1では、単なる世間話をしている場面だと想像できますし、応答例2では、バイトや仕事のシフトを心配する同僚と話している場面が想像できます。このように、場面や話し相手によって応答が変わります。

その3：否定文

否定文を使って、相手に伝えています。

平叙文	I'm not sure if the camera battery will last.
	カメラのバッテリーがもつかどうか、わかりません。

応答例1	You should charge it before leaving.
	出発前に充電した方がいいですね。

応答例2	We have an extra one.
	私たちはもう1つ持っています。

カメラのバッテリー切れを心配する相手に、応答例1では、バッテリー切れに対する対策（出発前に充電する）を提案しています。一方、応答例2では、「もう1つのバッテリーがある⇨だから、バッテリーが切れても大丈夫」と、やや遠回しの表現で相手を安心させるような応答をしています。

平叙文　その1

問題を解きましょう。

1. Mark your answer on your answer sheet. ◀126

2. Mark your answer on your answer sheet. ◀127

3. Mark your answer on your answer sheet. ◀128

4. Mark your answer on your answer sheet. ◀129

5. Mark your answer on your answer sheet. ◀130

1. 　正解 (C)

(126) I'd like you to go over the proposal before the
meeting.

ミーティングの前に提案書を見ていただきたいのですが。

(A) I made some extra copies.

余分にコピーしました。

(B) Mr. Tanaka can go there instead.

田中さんが代わりにそこに行けます。

(C) Please leave it on my desk.

机の上に置いといてください。

語彙　　□ **go over** 確認する　□ **proposal** 提案書
□ **extra** 余分な　□ **instead** 代わりに

　提案書を見てほしいとお願いしている相手に対して、その
提案書を机の上に置いておくように指示することで、「あとで
見ます」と暗に伝えている(C)が正解。平叙文に使われてい
るgoが(B)にも使われているが、このように同じ単語を使っ
た引っ掛けが頻出するので注意が必要。文脈をしっかり理解
しよう。

2. 　正解 (B)

(127) We'll need to look for an accountant to replace
Martin.

Martin に代わる会計士を探し始める必要がありますね。

(A) She said she really enjoyed it.

彼女は本当に楽しんだと言っていました。

(B) Peter knows a lot about that field.

Peter がその分野についてよく知っていますよ。

(C) When did you replace it?

それをいつ交換したのですか。

⊗ 語彙
- □ **accountant** 会計士
- □ **replace** 後任となる・交換する
- □ **field** 分野

　代わりの会計士を探す必要があると伝えている相手に対し、「Peter がその分野（会計士の知っている分野）を知っている」と Peter が適任であることを遠回しに伝えている（B）が正解。（C）の replace は「交換する」の意味で使われている。〈replace ＋人：〜の後任となる〉と〈replace ＋モノ：〜を交換する〉を理解しよう。

3. 正解 (B)

(128) The train to Sydney has already left.

シドニー行きの電車は既に出発してしまいました。

(A) It was a wonderful trip.

それは素晴らしい旅行でした。

(B) Should we wait for the next one?

私たちは次のを待つべきですか。

(C) No, you can't go there on foot.

いいえ、徒歩でそこに行くことはできません。

⊗ 語彙　□ **on foot** 徒歩で

　駅でのやり取りを想像しよう。先に駅に到着していた同僚から、乗ろうと思っていたシドニー行きの電車が既に出発してしまったことを知らされ、次の電車に乗るために待つべきか (それともタクシーなどの別の手段で行くべきか) を尋ねている (B) が正解。one は代名詞で、ここでは train の意味。質問文の train (電車) だけを聞き取り、trip (旅行) を連想して (A) を選ばないように気をつけよう。

4.　　正解 (C)

(◀129)　I'm afraid there's no parking lot at our facility.

申し訳ありませんが当施設には駐車場がございません。

(A) At the training center.

研修センターで。

(B) How about Thursday at ten?

木曜日の10時はどうですか。

(C) Is it within walking distance from the station?

駅から歩ける距離ですか。

語彙　　□ **I'm afraid 〜**　申し訳ありませんが〜
　□ **parking lot** 駐車場　□ **facility** 施設
　□ **walking distance** 歩ける距離

　施設には駐車場が無いことを知り、駅から歩ける距離かどうかを尋ねている (C) が正解。車で行く代わりに、電車で行き、駅から歩こうと考えていると読み取れる。(B) の How about 〜? は「〜はどうですか」という意味で、ここでは日時を提案する表現となっており、応答として成立しない。

5. 正解 (A)

I'm wondering if I can take the day off on Friday.

金曜日にお休みを取ろうかと思っています。

(A) I think we'll be really busy that day.

その日は凄く忙しくなると思いますよ。

(B) Let's use room 203.

203号室を使いましょう。

(C) The store is open until ten o'clock.

そのお店は10時まで開いています。

語彙
　　□ **I'm wondering if 〜**　〜かどうかと考えている
　　□ **take the day off**　休みを取る

　レストランやカフェなど、同じ仕事場で働いている同僚同士の会話を想像しよう。同僚が金曜日に休みを取ろうかと考えていることを知り、相手が休みを取ろうとしている金曜日は仕事が忙しくなると思う（つまり、人手が必要である）と伝える(A)が正解。金曜日に休みを取るのは適切ではないと、遠回しに伝えている。

1

平叙文 I'd like you to go over the proposal before the meeting.

応答文 Please leave it on my desk.

2

平叙文 We'll need to look for an accountant to replace Martin.

応答文 Peter knows a lot about that field.

3

平叙文 The train to Sydney has already left.

応答文 Should we wait for the next one?

4

平叙文 I'm afraid there's no parking lot at our facility.

応答文 Is it within walking distance from the station?

5

平叙文 I'm wondering if I can take the day off on Friday.

応答文 I think we'll be really busy that day.

1. proposal の発音記号は【prəpóuzəl】で、プロポゥゾゥのような発音です。leave it はつながって、リービッのように発音します。〈leave＋目的語＋場所：目的語を〜に置いていく〉という構造を意識しましょう。

2. We'll の部分はウィルと l をハッキリと発音するのではなく、上の歯の裏にそっと舌先を置いて発音し、ウィーゥのように発音しましょう。knows a lot の部分は、ノウズァロットとつなげてスムーズに発音しましょう。

3. train の tra の部分はトゥレのように発音します。should we は、should の d は脱落するため、シュッウィーのように発音しましょう。

4. parking lot の parking の g は飲み込むように発音し、パーキンッラットのようにつなげて発音しましょう。at our の部分は at の t は脱落し、アッアワーのような発音になります。Is it の部分はイズィッのようにスムーズに一気に読みます。

5. I'm wondering if 〜（〜しようかと思っている）をカタマリとしてとらえましょう。後ろには〈主語＋動詞〉が続きます。busy の発音記号は【bízi】です。ビジーではなくビズィーのように濁った z の音になることを意識しましょう。

なりきり 0.8
(131) (132) (133)

1.

平叙文 ----- ----- you ----- go over the -----
before the meeting.

応答文 Please ----- it ----- my desk.

2.

平叙文 We'll need to ----- ----- an ----- to
----- Martin.

応答文 Peter ----- a lot ----- that field.

3.

平叙文 The train to Sydney ----- already -----.

応答文 Should we ----- ----- the next one?

4.

平叙文 I'm afraid ----- no ----- ----- at our
-----.

応答文 Is it within ----- ----- from the -----?

5.

平叙文 I'm ----- ----- I can ----- the day -----
on Friday.

応答文 I ----- we'll be really ----- that day.

STEP 1 リピート音読5回

音読用スクリプトを見ながら、音声のあとに続いて質問文と応答文をそれぞれリピートしましょう。 **5回**

1	2	3	4	5

STEP 2 穴埋め音読5回　リピート音読

穴埋め音読用スクリプトを見て、空所を埋めながら音読します。音声のあとに続いて、質問文と応答文をそれぞれリピートしましょう。 **5回**

1	2	3	4	5

STEP 3 穴埋め音読5回　なりきり音読

穴埋め音読用スクリプトを見て、空所を埋めながら音読します。問題番号の音声のあとに続いて、質問文を言いましょう。リピート練習ではありません。 **5回**

1	2	3	4	5

STEP 4 1文丸ごと暗唱5回　0.8倍速スピード

何も見ずに、音声のあとに続いて、質問文と応答文をそれぞれリピートしましょう。 **5回**

1	2	3	4	5

STEP 5 1文丸ごと暗唱10回　普通スピード

何も見ずに、音声のあとに続いて、質問文と応答文をそれぞれリピートしましょう。 **10回**

1	2	3	4	5
6	7	8	9	10

計30回 達成!! 頑張りました! 　日付　　／

平叙文　その2

問題を解きましょう。

6. Mark your answer on your answer sheet.　(134)

7. Mark your answer on your answer sheet.　(135)

8. Mark your answer on your answer sheet.　(136)

9. Mark your answer on your answer sheet.　(137)

10. Mark your answer on your answer sheet.　(138)

6. 正解 (C)

(134) These packages will be sent by express mail.

🇬🇧🇨🇦 これらの小包を速達でお送りいたします。

(A) Maybe tomorrow morning.

おそらく明日の朝です。

(B) OK, I'll take this one.

わかりました、こちらをいただきます。

(C) That would be helpful.

助かります。

語彙　□ **package** 小包　□ **express mail** 速達

　小包を通常配達ではなく、速達で送ると言われたことに対して、「助かります」と答えている(C)が正解。早く届けてほしい事情があったことがうかがえる。(A)は When will it arrive?（いつ届きますか）のように日時を聞かれた時の応答であるため不正解。(B)は、商品を指して「こちらをいただきます」と、商品を購入する際に使われる言葉であるため、ここでは不適切。

7. 正解 (A)

(135) Sales of our lightweight suitcases have increased.

私たちの軽量スーツケースの売上が増加しています。

(A) Could you tell me the exact sales figures?

正確な売上金額を教えていただけますか。

(B) You should turn right at the corner.

その角で右に曲がってください。

(C) That's a great suggestion.

それは素晴らしい提案です。

　軽量スーツの売上が増加しているという報告を受けて、正確な売上金額を教えてほしいと伝えている (A) が正解。具体的にどのくらい売上が増加したのかを把握したいと考えているのがわかる。(C) は、「素晴らしい提案だ」と応答しているが、「売上が増加している」というのは提案ではなくて報告であるため、適切な応答ではない。

8. 正解 (B)

(136) I can't decide which projector to buy.

どちらのプロジェクターを買えばいいのか決められません。

(A) We just fixed the schedule.

私たちはちょうど予定を確定しました。

(B) I think a portable one is more useful.

持ち運び可能なものがより便利だと思います。

(C) The research report is too long.

その研究レポートは長すぎます。

〈which +（名詞）+ to do〜：どの（名詞）を〜したらいい
か〉という構文をしっかり理解しよう。いくつか購入候補の
あるプロジェクターがあり、どれを購入すべきか迷っている
場面が想像できる。それに対し、「持ち運び可能なプロジェ
クターが便利だ」と提案している(B)が正解。

9. 正解 (C)

(137) The elevator doesn't seem to be working.

🇨🇦
🇬🇧 エレベーターが動いていないようです。

(A) Only for members.

メンバーだけです。

(B) Do you have mail to send?

送る郵便物があるのですか。

(C) It's been out of service since this morning.

朝から運転休止中です。

語彙　□ **seem to 〜**　〜のように思われる

□ **out of service**　運転休止中で

　エレベーターが稼働していないと伝えられ、「朝から運転
休止中です」と状況を説明している(C)が正解。(B)では、送
らなければいけない郵便物があるかどうか聞いているが、エ
レベーターが動いていないことと、郵便物の発送は関係があ
るとは思えず、応答として不自然。

10. 正解 (A)

(138) Kelly seems familiar with plants.

🇬🇧🇺🇸 Kelly は植物に詳しそうですね。

(A) She used to work at a flower shop.

以前、彼女は花屋で働いていました。

(B) There are a lot of questions.

沢山の質問があります。

(C) I'm afraid I can't.

申し訳ありませんができません。

❌ 語彙
☐ **familiar with** 〜 　〜に詳しい
☐ **used to** 〜 　以前は〜していた
☐ **I'm afraid** 〜 　申し訳ありませんが〜

　〈seem +形容詞：〜のように思われる〉という構文を理解しておこう。Kellyは植物に詳しそうだと言われ、その理由を「花屋で働いていたから」と説明している(A)が正解。(C)は、Can you make a copy now? (今コピーできますか) のように依頼され、「申し訳ありませんができません」と答える時に使うフレーズであるため、ここでは不適切。

6

平叙文　These packages will be sent by express mail.

応答文　That would be helpful.

7

平叙文　Sales of our lightweight suitcases have increased.

応答文　Could you tell me the exact sales figures?

8

平叙文　I can't decide which projector to buy.

応答文　I think a portable one is more useful.

9

平叙文　The elevator doesn't seem to be working.

応答文　It's been out of service since this morning.

10

平叙文　Kelly seems familiar with plants.

応答文　She used to work at a flower shop.

6. packages の単数形 package の発音記号は【pǽkidʒ】で、複数形はパキィッジーズのような発音になります。That would be の部分は、それぞれ That の t、would の d が脱落し、ザッウッビーのようになります。

7. Sales of our の部分の of はハッキリとオブと言ってしまうとリズムが崩れます。セールスオブアワーのように、オブの「ブ」の部分は口を閉じる時に出すくらいの音で十分です。Could you ～の部分はクッジューとつなげて発音しましょう。

8. decide which projector to buy の下線部分が動詞 decide の目的語部分です。〈which +（名詞）+ to do ～：どの（名詞）を～したらいいか〉という構造にも注目し、また、portable はポータブルのように日本語読みではなく、ポータボーのように発音しましょう。

9. 〈seem to ～：～のように思われる〉というフレーズを意識して音読しましょう。seem にある m の「ム」の部分は、ハッキリと「ム」と言うのではなく、口を閉じた時に出る弱い「ム」で十分です。out of の部分はつながってアウタブのように発音しましょう。

10. familiar with ～（～に詳しい）をカタマリとしてとらえましょう。used to ～（以前は～していた）は、used の部分の ed は脱落するため、ユーストゥのように発音します。used の部分がユーズドゥのように濁らない点に注意しましょう。

6.

平叙文 These ----- will be sent by ----- -----.

応答文 That would ----- -----.

7.

平叙文 ----- of our ----- suitcases have -----.

応答文 ----- you ----- me the ----- sales -----?

8.

平叙文 I can't ----- ----- ----- to -----.

応答文 I think a ----- one is more -----.

9.

平叙文 The ----- doesn't ----- ----- be -----.

応答文 It's been ----- of ----- since this morning.

10.

平叙文 Kelly ----- ----- ----- plants.

応答文 She ----- ----- ----- at a flower shop.

STEP 1 リピート音読5回

音読用スクリプトを見ながら、音声のあとに続いて質問文と応答文をそれぞれリピートしましょう。 **5回**

1	2	3	4	5	

STEP 2 穴埋め音読5回 リピート音読

穴埋め音読用スクリプトを見て、空所を埋めながら音読します。音声のあとに続いて、質問文と応答文をそれぞれリピートしましょう。 **5回**

1	2	3	4	5	

STEP 3 穴埋め音読5回 なりきり音読

穴埋め音読用スクリプトを見て、空所を埋めながら音読します。問題番号の音声のあとに続いて、質問文を言いましょう。リピート練習ではありません。 **5回**

1	2	3	4	5	

STEP 4 1文丸ごと暗唱5回 0.8倍速スピード

何も見ずに、音声のあとに続いて、質問文と応答文をそれぞれリピートしましょう。 **5回**

1	2	3	4	5	

STEP 5 1文丸ごと暗唱10回 普通スピード

何も見ずに、音声のあとに続いて、質問文と応答文をそれぞれリピートしましょう。 **10回**

1	2	3	4	5
6	7	8	9	10

計30回 達成!! 頑張りました!	日付 /

第5章
付加疑問文
否定疑問文

10問

限界突破まで音読！
君の"限界"を
超えよう。

付加疑問文　否定疑問文

　付加疑問文は「明日、あなたは会議に出席しますよね?」のように、「〜ですよね?」とつけ加え、相手に確認したい時や念押ししたい時に使う疑問文です。

　否定疑問文は「明日、あなたは会議に出席しませんよね?」のように「〜しませんよね?」と否定形で尋ねる疑問文です。

 ## 文の種類

付加疑問文　🏴󠁧󠁢󠁥󠁮󠁧󠁿 🇺🇸 ◀(142)

　付加疑問文は、平叙文の文末に、don't you? や haven't you? のように付け足して「〜ですよね?」と相手に尋ねる疑問文です。

質問文　You'll be off tomorrow, won't you?
　　　　あなたは明日お休みですよね。

直接的な応答文　No, I'll be working remotely.
　　　　いいえ、リモートで仕事をする予定です。

間接的な応答文　Albert will come in instead of me.
　　　　Albert が代わりに来てくれます。

　「明日はお休みですよね」と、休みかどうかを問う質問に対し、直接的な応答では、No と明確に否定し、休みではなく

リモートで仕事をすると伝えています。また、間接的な応答
では、Yes/No で答えていませんが、代わりの人が来てくれ
ると説明することで、明日は休みだと遠回しに伝えています。

否定疑問文　🇬🇧🇦🇺 ⏵143

　Don't you ～ ? や Haven't you ～ ? のように、否定形で始
まり、「～しませんよね？」「～ではないですか？」のように
相手に尋ねる疑問文です。

> **質問文**　Didn't you make an appointment with a
> dentist?
> 歯医者の予約をしたのではないですか。

> **直接的な応答文**　Yes, that's why I'm leaving soon.
> はい、なのでもうすぐ帰ります。

> **間接的な応答文**　I rescheduled it for next Monday.
> 次の月曜日に変更しました。

　歯医者の予約をしたにもかかわらず、なぜ、まだ同僚がオ
フィスにいるのかを疑問に思っていることが質問者のセリフ
から想像できます。直接的な応答では、Yes と肯定し、その
ために早く帰る旨を伝えています。間接的な応答では、Yes/
No で答えておらず、予約の日程変更をしたと説明すること
で、遠回しに「(予約変更したので) 今日は歯医者には行かな
い」ということを伝えています。

 **聞き取りのポイント**

🚃 付加疑問文

　文末に don't you? や haven't you? などがついてくると、「混乱する！」と思うかもしれませんが、「平叙文に"だよね"と付け加えるだけ」と考えるとスムーズです。文末に意識を向けるより、その前の平叙文をしっかり聞き取りましょう。

🚃 否定疑問文

Don't you like cats? (猫は好きではないのですか) と聞かれて、「好きではない」と答える時は、No と答えます。このように、英語で返答する場合、「好きではない」のように否定形なら返事は常に No、「好きだ」のように肯定なら常に Yes になります。日本語だと「はい、好きではありません」と答えるので、ついつい英語でも、Yes と答えてしまいそうですね。

　もし混乱するようであれば、一度、Don't you like cats? ⇨ Do you like cats? のように普通の疑問文に置き換えて考えてみると、わかりやすくなります。どちらにせよ、英語は「返答が肯定なら常に Yes、否定なら常に No」で始めます。

例　Aren't you going to the party?
　　パーティーには行かないのですか。
　　No, I have an appointment with a client.
　　行きません、顧客との約束があるので。

　しっかりと否定形の文頭 (Aren't you) を聞き取り、「〜ないのですか」と理解しましょう。No と返答したことで「〜しません (行きません)」と答えているのだと即座に理解できることがポイントです。

付加疑問文　否定疑問文　その1

問題を解きましょう。

1. Mark your answer on your answer sheet. （145）

2. Mark your answer on your answer sheet. （146）

3. Mark your answer on your answer sheet. （147）

4. Mark your answer on your answer sheet. （148）

5. Mark your answer on your answer sheet. （149）

1. 正解 (B)

(145) The conference room is big enough for ten
people, isn't it?

その会議室は10人には十分な広さですよね。

(A) The new office has a better view.

新しいオフィスは眺めがいいですよ。

(B) I think the room can seat more than twenty
people.

その部屋は20人以上座れると思います。

(C) This table is too big to carry myself.

このテーブルは大きすぎて、自分では運べません。

語彙 □ **conference room** 会議室
□ **view** 眺め □ **seat** 座らせる・収容する

　会議室の広さが十分かどうかを聞かれ、「20人以上座れる
（つまり10人には十分な広さだ）」と答えている(B)が正解。動詞
seatは「座らせる・収容する」という意味で、目的語にmore
than twenty peopleを置いている。(A)はオフィスからの景
色について答えているため、部屋の広さを問われた時の応答
として不適切。

2. 正解 (A)

(146) Don't you have your smartphone today?

今日、スマートフォンを持っていないのですか。

(A) It's charging on my desk now.

今、私の机の上で充電中です。

(B) I'll be visiting my family this weekend.

   週末に家族を訪ねる予定です。

(C) The bridge is being repaired.

   その橋は修理中です。

語彙　□ **charge** 充電する　□ **repair** 修理する

　Don't〜と否定形で文が始まっているので「〜ではないの
ですか」と問われている点に注意。ここでは、スマートフォ
ンを持っていない理由を述べている(A)が正解。「スマートフ
ォン⇨修理中」のような勝手な想像を広げて(C)にしないよ
うに要注意。しっかり文全体を聞き取ろう。

3.　**正解 (B)**

(147) The warranty will cover the repair, won't it?

保証で修理の費用をまかなえますよね。

(A) We're still testing the new software.

   私たちはまだ新しいソフトウェアをテストしています。

(B) I'll have to check with the manufacturer.

   製造業者に確認させてください。

(C) Can we cover all of the topics?

   私たちは全てのトピックを扱うことはできますか。

語彙　□ **warranty** 保証 (書)
　　　　□ **cover** まかなう・扱う　□ **test** テストする
　　　　□ **manufacturer** 製造業者

　家電用品店での店員と客のやり取りを想像しよう。修理を
お願いされた際、修理が保証の対象かどうかを問われ、製造

業者に確認すると答えている(B)が正解。(C)のcoverのように、質問文と同じ単語を使っている場合、正解だと思わせる引っ掛けであることが多いので注意しよう。

4. 　正解 (C)

(148) Isn't the store open until ten P.M.?

そのお店は夜10時まで開いているのではないですか。

(A) Please call me anytime.

いつでも私にお電話ください。

(B) Within 30 minutes.

30分以内に。

(C) The business hours changed last week.

先週、営業時間が変わったのです。

語彙　□ **business hour**　営業時間
　　　　□ **within**　〜以内

　Isn't〜から始まる否定疑問文。「夜10時まで開いているのではないですか」と質問していることから、質問者はお店が思っていたよりも早く閉まると知って驚いている様子が想像できる。それに対し、「営業時間が変わった(だから、10時まで開いてない)」と説明している(C)が正解。(B)の場合は、When will the store open?(そのお店はいつ開きますか)に対して、「30分以内に(開きます)」と伝える言い方。

5. 正解 (C)

(149) Mr. Miller delivered an excellent speech, didn't he?

Miller さんは素晴らしいスピーチをしましたよね。

(A) The legal team is reviewing the contract.

法務チームが契約書を見直しています。

(B) We need to hire more delivery staff.

私たちは配達員をもっと雇う必要があります。

(C) I was really impressed.

とても感動しました。

語彙
- □ **deliver a speech** スピーチをする
- □ **legal team** 法務チーム
- □ **review** 見直す □ **contract** 契約書
- □ **hire** 雇う □ **be impressed** 感動する

「素晴らしいスピーチをしましたよね」という共感を求めている相手に対し、自分も感動し、相手に共感していることを伝えている (C) が正解。ちなみに動詞 deliver は「配達する」の意味の他に「(スピーチを) 行う」という意味があることを知っておこう。(B) で deliver という同じ単語を使っているのは引っ掛けなので気をつけよう。文全体を聞き取り、理解することが大事。

1.

質問文 The conference room is big enough for ten people, isn't it?

応答文 I think the room can seat more than twenty people.

2.

質問文 Don't you have your smartphone today?

応答文 It's charging on my desk now.

3.

質問文 The warranty will cover the repair, won't it?

応答文 I'll have to check with the manufacturer.

4.

質問文 Isn't the store open until ten P.M.?

応答文 The business hours changed last week.

5.

質問文 Mr. Miller delivered an excellent speech, didn't he?

応答文 I was really impressed.

1. big enough の部分は〈形容詞＋enough：十分な〜〉という構造を意識し、1つのカタマリとして音読しましょう。big enough はビッグ・イナッフと個々に発音するのではく、ビギナッフのように、先頭のビにアクセントを置き、つなげて発音してみましょう。seat の発音記号は【síːt】です。口を横に開き、スィートのように発音しましょう。

2. Don't you の部分はドンチューとつなげて発音しましょう。smartphone は日本語ではスマートフォンと発音しますが、smart には r の音が入るので、スマーrt のように、舌をやや巻き、r の発音を意識しましょう。

3. warranty の発音記号は【wɔ́rənti】で、ウォゥレンティーのように発音しましょう。won't it はウォンティットのようにつなげてスムーズに読みましょう。

4. Isn't the の Isn't の t は脱落し、イズンザのように発音しましょう。business の発音記号は【bíznəs】で、ビズィネスのように発音します。ズィと濁ることを意識しましょう。ビジネスのように日本語読みにならないように気をつけましょう。

5. delivered an excellent speech は「素晴らしいスピーチを行う」というコロケーションを意識しましょう。didn't he の didn't の t は脱落し、ディドゥンヒーのように発音しましょう。

なりきり　0.8
(150) (151) (152)

1.

質問文 The ----- room is ----- ----- for ten people, isn't it?

応答文 I think the ----- can ----- more than twenty people.

2.

質問文 Don't you ----- your ----- today?

応答文 It's ----- on my ----- now.

3.

質問文 The ----- will ----- the -----, won't it?

応答文 I'll have to ----- ----- the -----.

4.

質問文 Isn't the ----- ----- ----- ten P.M.?

応答文 The ----- hours ----- last week.

5.

質問文 Mr. Miller ----- an excellent -----, didn't he?

応答文 I ----- really -----.

🚂 STEP 1　リピート音読5回

音読用スクリプトを見ながら、音声のあとに続いて質問文と応答文をそれぞれリピートしましょう。　**5回**

1		2		3		4		5	

🚂 STEP 2　穴埋め音読5回　リピート音読

穴埋め音読用スクリプトを見て、空所を埋めながら音読します。音声のあとに続いて、質問文と応答文をそれぞれリピートしましょう。　**5回**

1		2		3		4		5	

🚂 STEP 3　穴埋め音読5回　なりきり音読

穴埋め音読用スクリプトを見て、空所を埋めながら音読します。問題番号の音声のあとに続いて、質問文を言いましょう。リピート練習ではありません。　**5回**

1		2		3		4		5	

🚂 STEP 4　1文丸ごと暗唱5回　0.8倍速スピード

何も見ずに、音声のあとに続いて、質問文と応答文をそれぞれリピートしましょう。　**5回**

1		2		3		4		5	

🚂 STEP 5　1文丸ごと暗唱10回　普通スピード

何も見ずに、音声のあとに続いて、質問文と応答文をそれぞれリピートしましょう。　**10回**

1		2		3		4		5	
6		7		8		9		10	

計30回 達成!! 頑張りました!	日付	／

付加疑問文　否定疑問文　その２

問題を解きましょう。

6. Mark your answer on your answer sheet. ⟨153⟩

7. Mark your answer on your answer sheet. ⟨154⟩

8. Mark your answer on your answer sheet. ⟨155⟩

9. Mark your answer on your answer sheet. ⟨156⟩

10. Mark your answer on your answer sheet. ⟨157⟩

6. 正解 (B)

(153) Haven't you worked with Walter in the human
resources department?

Walter と人事部で働いたことはありませんか。

(A) I'll be happy to show you.

喜んでご案内致します。

(B) No, but I've worked on a project with him.

ありません、でも、彼とプロジェクトに取り組んだことは
あります。

(C) My flight won't leave until three.

私の飛行機は3時まで出発しません。

語彙　□ **human resources department** 　人事部
　　　□ **work on ～** 　～に取り組む

　Haven't you ～から始まるため、「～したことはありません
か」という意味の否定疑問文になる点に注意。ここでは No
（ありません）と明確に答えている (B) が正解。(A) の動詞 show
には「案内する」の意味があり、訪問客に辺りを案内する時
に使う表現。

7. 正解 (C)

(154) These are a new line of shoes, aren't they?

これらは新しい靴のラインナップですよね。

(A) You'll get paid at the end of each month.

毎月月末に支払われます。

(B) I like this type of dish.

私はこの種類のお皿が好きです。

(C) Yes, they are selling well.

はい、それらはよく売れています。

語彙　□ **line** 商品の種類
　　　□ **get paid** 支払われる

　新しい靴のラインナップであることを確認する問いかけに、Yesと明確に答え、それらの新しい靴はよく売れていると説明している(C)が正解。ここでのtheyはa new line of shoesを指している。

8. 正解 (B)

(155) Didn't you distribute any handouts at the
meeting?

ミーティングで資料を配らなかったのですか。

(A) That was good advice.

それは良いアドバイスでした。

(B) No, I found some incorrect figures in the
documents.

配りませんでした。資料に間違った数字を見つけました。

(C) They contributed some books to local
schools.

彼らは数冊の本を地元の学校に寄付しました。

語彙　□ **distribute** 配る　□ **figure** 数字
　　　□ **contribute** 寄付する　□ **local** 地元の

　Didn't you〜で始まり、「〜しなかったのですか」と問われたのに対し、明確に No (しませんでした) と答え、資料を配らなかった理由を説明している (B) が正解。distribute と (C) にある contribute は似た音の単語を使った引っ掛けなので注意しよう。

9. 　正解 (A)

(156) Our manager has approved the budget for the new computers, hasn't he?

　マネージャーは新しいコンピューターの予算を承認したんですよね。

(A) I haven't heard from him yet.

　　彼からまだ連絡をもらっていません。

(B) Yes, we finished loading them.

　　はい、私たちはそれを積み終えました。

(C) They look brand-new.

　　それらは真新しく見えます。

語彙　□ **approve** 承認する　□ **budget** 予算
　　　□ **load** 積む　□ **brand-new** 真新しい

　マネージャーが予算を承認したかどうかを確認する問いに対して、マネージャーから連絡をもらっていないと説明し、承認したかどうかわからないことを遠回しに伝えている (A) が正解。(B) は Yes と答え、一見、正しい応答のように思えるが、その後に続く内容が、質問と噛み合っていない。

10. 正解 (C)

(157) Hasn't the missing data been found yet?

紛失したデータはまだ見つかってないのですか。

(A) We update our menu every month.

私たちは毎月メニューを更新します。

(B) You should pay the deposit.

あなたは敷金を払わなければなりません。

(C) Actually, I'm still looking for it.

実は、まだ探しています。

語彙　□ **missing** 紛失した　□ **update** 更新する
　　　□ **deposit** 敷金

　Hasn't〜から始まり、「〜していないのですか」という意味の否定疑問文。「まだ探している」と、状況を説明している(C)が正解。メニューの話は全くしていないため(A)は不正解。

6.

質問文 Haven't you worked with Walter in the human resources department?

応答文 No, but I've worked on a project with him.

7.

質問文 These are a new line of shoes, aren't they?

応答文 Yes, they are selling well.

8.

質問文 Didn't you distribute any handouts at the meeting?

応答文 No, I found some incorrect figures in the documents.

9.

質問文 Our manager has approved the budget for the new computers, hasn't he?

応答文 I haven't heard from him yet.

10.

質問文 Hasn't the missing data been found yet?

応答文 Actually, I'm still looking for it.

6. Haven't you の部分は t が脱落するので、ハブンチューのように発音しましょう。but I've の部分はつながって、バライブのような音になります。I've の ve の部分は小さく弱いブの音です。on a の部分はつながってオンナのように発音しましょう。

7. These are の部分はディーザーのような音になります。a new line of (〜の新商品) はカタマリとして意識しましょう。line of はつながってラインナブのように発音しましょう。

8. distribute はディスチュリビュートのように発音しましょう。tri の部分がトリではなくチュリのような音になるのがポイントです。at the meeting の at の t は脱落するため、アッザミーティングのように発音し、最後の g は飲み込むように発音します。

9. budget for の budget の t は脱落し、バジェッフォーのように発音します。computers の t は母音に挟まれると d のような音になるため、カンピューダーズのような発音になります。

10. Hasn't the の Hasn't の t は脱落し、ハズンザのような音になります。missing はミッシングではなく、ミッスィングのように発音しましょう。looking for it は、looking の g は脱落し、ルッキンフォーイットのように発音します。

なりきり　0.8
◀158　◀159　◀160

6.

質問文 Haven't you ----- ----- Walter in the ----- ----- department?

応答文 No, but I've ----- ----- a project with him.

7.

質問文 These are a ----- ----- ----- shoes, aren't they?

応答文 Yes, they are ----- well.

8.

質問文 Didn't you ----- any ----- at the meeting?

応答文 No, I ----- some ----- ----- in the documents.

9.

質問文 Our manager has ----- the ----- for the new computers, hasn't he?

応答文 I haven't ----- ----- him -----.

10.

質問文 Hasn't the ----- ----- been ----- yet?

応答文 Actually, I'm still ----- ----- it.

STEP 1　リピート音読5回

音読用スクリプトを見ながら、音声のあとに続いて質問文と応答文をそれぞれリピートしましょう。 **5回**

1	2	3	4	5	

STEP 2　穴埋め音読5回　リピート音読

穴埋め音読用スクリプトを見て、空所を埋めながら音読します。音声のあとに続いて、質問文と応答文をそれぞれリピートしましょう。 **5回**

1	2	3	4	5	

STEP 3　穴埋め音読5回　なりきり音読

穴埋め音読用スクリプトを見て、空所を埋めながら音読します。問題番号の音声のあとに続いて、質問文を言いましょう。リピート練習ではありません。 **5回**

1	2	3	4	5	

STEP 4　1文丸ごと暗唱5回　0.8倍速スピード

何も見ずに、音声のあとに続いて、質問文と応答文をそれぞれリピートしましょう。 **5回**

1	2	3	4	5	

STEP 5　1文丸ごと暗唱10回　普通スピード

何も見ずに、音声のあとに続いて、質問文と応答文をそれぞれリピートしましょう。 **10回**

1	2	3	4	5
6	7	8	9	10

計30回 達成‼ 頑張りました!	日付　　／

第 6 章
選択疑問文

10問

最後まで徹底して音読！
君の"可能性"を
心から信じて。

選択疑問文

　選択疑問文というのは、「A ですか、それとも B ですか」のように、2つの選択肢を相手に提示して尋ねる疑問文です。

　質問文を聞き取った後は、A と B の選択肢をしっかり把握し、頭の中で A と B を繰り返しながら応答文を待つようにしましょう。

🚌 **応答例その1：提示された選択肢を選ぶ。**

　「A ですか、それとも B ですか」と尋ねられ、「A がいいです／B がいいです」のように、質問者から提示された選択肢を選ぶ場合があります。その場合、相手が使った A や B の単語を使って答えることになるので、選択疑問文では、質問者が使った単語が応答文にも出てきた時、それが正解であることがほとんどです。

🚌 **応答例その2：他の選択肢を選ぶ**

　「A ですか、それとも B ですか」と尋ねられ、「C はどうですか／C がいいです」のように、他の選択肢 C を提示するパターンもあります。そのため、必ずしも質問者が使った単語で応答するとは限りません。

文の種類

その1：名詞を選択肢として提示している文 (161)

質問文　Would you like chicken or beef?

鶏肉料理がいいですか、それとも牛肉料理がいいですか。

応答例1　Beef, please.

牛肉料理をお願いします。

応答例2　Do you have a vegetarian meal?

ベジタリアンの食事はありますか。

　下線が引かれた名詞部分が選択肢として提示されていますです。応答例1では「牛肉料理をお願いします」と伝え、相手が提示した選択肢の1つを選んでいます。応答例2では相手が提示した選択肢以外の内容について尋ねています。

その2：動詞句を選択肢として提示している文 (162)

質問文　Do you prefer to go see a movie or stay at home?

映画を見に行きたいですか、それとも家にいたいですか。

応答例1　I'm going to stay at home until it stops raining.

雨が止むまで家にいます。

応答例2　What kind of movie will you see?

どんな種類の映画を見るつもりですか。

prefer to に続く部分を変え、2つの選択肢を提示しています。ここでは「映画を見に行くか、家にいるか」という2択を提示しています。応答例1では、同じ単語（stay at home）を使って応答し、応答例2では、「（もし映画を見るとすれば）どんな種類の映画を見るつもりですか」と、映画を見に行った場合を仮定して尋ねています。

その3：文全体を選択肢として提示している文 🇨🇦🎌 ◀163

質問文 Did Mike make it to the meeting or did he miss it?

Mike はミーティングに間に合いましたか、それとも欠席しましたか。

応答例1 He came on time.

彼は時間通りに来ました。

応答例2 He was already in the room before the meeting started.

ミーティングが始まる前に既に彼は部屋にいました。

　「ミーティングに間に合ったか」それとも「欠席したか」という2択を提示しています。応答例1では、make it to the meeting（ミーティングに間に合う）という表現を、came on time（時間通りに来た）という他の表現で応答しています。応答例2では、「彼は既に部屋にいた」という状況を説明することにより、「ミーティングに十分間に合った」ということを遠回しに伝えています。

　このように、文全体を選択肢として提示された場合、「出席か欠席か」のように選択肢を簡略化させて応答を待つのがポイントです。

問題を解きましょう。

1. Mark your answer on your answer sheet. ◀164

2. Mark your answer on your answer sheet. ◀165

3. Mark your answer on your answer sheet. ◀166

4. Mark your answer on your answer sheet. ◀167

5. Mark your answer on your answer sheet. ◀168

1. 正解 (B)

(164) Will you send the contract by express mail or ordinary mail?

契約書を速達便で送りますか、それとも普通便で送りますか。

(A) He flew to London yesterday.

　　昨日、彼は飛行機でロンドンに行きました。

(B) I'd like to send it by express mail.

　　速達便で送りたいです。

(C) Yes, that's really fast.

　　はい、それはとても速いです。

語彙　□ **express mail**　速達便
　　　□ **ordinary mail**　普通便
　　　□ **fly to ～**　～へ飛行機で行く

　契約書を送る手法として「速達便」と「普通便」のどちらがいいかを尋ねている。ここでは、「速達便で」と答えている(B)が正解。(C)のように、選択疑問文に対してYesやNoで答えることはできないことを覚えておこう。

2. 正解 (C)

(165) Are you planning to rent an apartment or buy a house?

アパートを借りるつもりですか、それとも家を購入するつもりですか。

(A) He grew up in the suburbs.

　　彼は郊外で育ちました。

(B) The venue was in Australia.

会場はオーストラリアでした。

(C) I've already found a reasonable apartment.

既に手頃なアパートを見つけました。

❌ 語彙　□ **rent**　借りる

　　　　□ **suburbs**　郊外（この意味では通常複数形で
　　　　　　　用いる）

　　　　□ **venue**　会場　□ **reasonable**　手頃な

rent an apartment（アパートを借りる）か buy a house（家
を購入する）のどちらの予定かを相手に尋ねている。ここでは、
「手頃なアパートを見つけた」と応答し、暗に「家を購入する
つもりはない」と伝えている (C) が正解。

3.　正解 (A)

(166) Is Ms. White going to leave tomorrow, or stay
　　　here for a few more days?

White さんは明日出発する予定ですか、それとも数日ここに滞
在する予定ですか。

(A) She's already booked a flight for tomorrow.

彼女は明日の飛行機を既に予約しています。

(B) I'll ask her to do so.

そうするように彼女にお願いします。

(C) The hotel was very far.

そのホテルはとても遠かったです。

❌ 語彙　□ **book**　予約する

leave tomorrow（明日出発する）と stay here（ここに滞在する）のどちらかを問われている。ここでは、「明日の飛行機を既に予約している」と応答し、明日出発するということを遠回しに伝えている（A）が正解。「明日の飛行機を既に予約している⇨明日出発する」という解釈がすぐにできるかどうかがカギ。

4. 正解 (B)

(167) Does Mari subscribe to the printed version of the magazine or the online version?

Mari は雑誌の印刷版を定期購読していますか、それともデジタル版ですか。

(A) I'll have my business cards printed.

私は名刺を印刷してもらいます。

(B) The magazine doesn't have an online version.

その雑誌にはデジタル版はありません。

(C) No, she got her money back.

いいえ、彼女は返金してもらいました。

語彙　□ **subscribe to ～**　～を定期購読する
　　　□ **get one's money back**　返金してもらう

the printed version（印刷版）と the online version（デジタル版）の2つを提示されていることを意識しよう。ここでは、「その雑誌にはデジタル版はない」と答えることで「彼女が定期購読しているのはデジタル版ではないはずだ」ということを遠回しに伝えている（B）が正解。（A）の printed は、質問文にも出てきた単語を使って惑わせる引っ掛けなので気をつけよう。

5. 正解 (C)

(168) Do you drive to work or commute by train?

車を運転して通勤していますか、それとも電車で通勤していますか。

(A) There was no one at the bus station.

バス停には誰もいませんでした。

(B) The system is much better than before.

システムが以前よりもずっといいです。

(C) I take the seven o'clock train every morning.

毎朝7時の電車に乗っています。

語彙　□ **commute**　通勤する

　通勤の仕方について「車で通勤するか」、もしくは「電車で通勤するか」の2つの選択肢を出して尋ねている。「毎朝7時の電車に乗っている」と答えることで「電車通勤だ」ということを伝えている (C) が正解。

1.

質問文　Will you send the contract by express mail or ordinary mail?

応答文　I'd like to send it by express mail.

2.

質問文　Are you planning to rent an apartment or buy a house?

応答文　I've already found a reasonable apartment.

3.

質問文　Is Ms. White going to leave tomorrow, or stay here for a few more days?

応答文　She's already booked a flight for tomorrow.

4.

質問文　Does Mari subscribe to the printed version of the magazine or the online version?

応答文　The magazine doesn't have an online version.

5.

質問文　Do you drive to work or commute by train?

応答文　I take the seven o'clock train every morning.

A or B のように尋ねる選択疑問文では、A の部分を上げ調子に、or 以降に書かれた B の部分を下げ調子に読む点に気をつけましょう。

1. send the はつながって、センッザのように発音しましょう。mail の発音記号は【meil】です。メールではなくメイゥのように発音しましょう。

2. rent an apartment の rent an の部分はレンタンのようにつながります。buy a house の buy a の部分はバイヤのような音になります。apartment の1つ目の t はハッキリ発音せず、アパーₜメントのようにほとんど聞こえないくらい小さな音になります。

3. going to は going の最後の g は脱落し、ゴウイントゥのような発音になります。go の発音記号は【góu】です。ゴーではなくゴゥとなる点に注意しましょう。stay here ↘ for a few more days ↘ のように下がり調子が2回続きます。

4. subscribe to the printed version（雑誌の印刷版を定期購読する）のカタマリを意識しましょう。magazine はマガズィーンのように発音します。

5. drive の dr はまとめて発音し、大げさに言うとヂュライブのようになります。ドライブのように日本語読みにならないように気をつけましょう。train は tra の部分がトゥレのような音になるため、トゥレインのように発音しましょう。

なりきり 0.8
169 170 171

1.

質問文 Will you send the ----- ----- ----- mail or ----- mail?

応答文 I'd like to ----- it ----- ----- mail.

2.

質問文 Are you ----- to ----- an ----- or ----- a house?

応答文 I've already ----- a ----- apartment.

3.

質問文 Is Ms. White going to ----- tomorrow, or ----- here for a few ----- -----?

応答文 She's already ----- a ----- for tomorrow.

4.

質問文 Does Mari ----- to the ----- ----- of the magazine or the ----- -----?

応答文 The ----- doesn't have an ----- -----.

5.

質問文 Do you ----- to work or ----- by -----?

応答文 I ----- the seven o'clock ----- every morning.

🚃 **STEP 1**　リピート音読5回

　音読用スクリプトを見ながら、音声のあとに続いて質問文と応答文をそれぞれリピートしましょう。　**5回**

1		2		3		4		5	

🚃 **STEP 2**　穴埋め音読5回　リピート音読

　穴埋め音読用スクリプトを見て、空所を埋めながら音読します。音声のあとに続いて、質問文と応答文をそれぞれリピートしましょう。　**5回**

1		2		3		4		5	

🚃 **STEP 3**　穴埋め音読5回　なりきり音読

　穴埋め音読用スクリプトを見て、空所を埋めながら音読します。問題番号の音声のあとに続いて、質問文を言いましょう。リピート練習ではありません。　**5回**

1		2		3		4		5	

🚃 **STEP 4**　1文丸ごと暗唱5回　0.8倍速スピード

　何も見ずに、音声のあとに続いて、質問文と応答文をそれぞれリピートしましょう。　**5回**

1		2		3		4		5	

🚃 **STEP 5**　1文丸ごと暗唱10回　普通スピード

　何も見ずに、音声のあとに続いて、質問文と応答文をそれぞれリピートしましょう。　**10回**

1		2		3		4		5	
6		7		8		9		10	

計30回 達成!! 頑張りました!	日付　　／

選択疑問文　その2

問題を解きましょう。

6. Mark your answer on your answer sheet. （172）

7. Mark your answer on your answer sheet. （173）

8. Mark your answer on your answer sheet. （174）

9. Mark your answer on your answer sheet. （175）

10. Mark your answer on your answer sheet. （176）

6. 正解 (B)

(172) Did you agree with the contract, or request to revise it?

契約に同意したのですか、それとも訂正を求めたのですか。

(A) Because it's too difficult.

なぜなら難しすぎるからです。

(B) We requested only a few small changes.

いくつかの小さな変更をお願いしました。

(C) She gave me her contact information.

彼女は連絡先を私に渡しました。

語彙　□ **agree with** 〜　〜に同意する
　　　□ **revise**　訂正する
　　　□ **contact information**　連絡先

　agree with the contract (契約に同意する) と request to revise it (訂正を求める) という2つの大きなカタマリを聞き取らなければならないため、難易度が高め。しかし、(B)の「いくつかの小さな変更をお願いした」には、質問文と同じ単語 request が出てきている。このように、選択疑問文の問題の場合、質問文と同じ単語が出てきたら正解の確率が高いため、ため、それをヒントに解答できるといいだろう。

7. 正解 (A)

(173) Should I place these packages in the storage room or in the closet?

これらの小包を保管室に置くべきですか、それともクローゼットに置くべきですか。

(A) How many of them are there?

いくつありますか。

(B) I'll pack my suitcase tonight.

今夜、スーツケースに荷物を詰めます。

(C) The bookstore sells many kinds of magazines.

その本屋は沢山の種類の雑誌を売っています。

語彙 □ **package** 小包 □ **storage room** 保管室
□ **pack** 詰める
□ **many kinds of** ～ 沢山の種類の～

　小包を the storage（保管室）か the closet（クローゼット）の
どちらに置くべきかを尋ねている。その両者のうちのどちら
かを答えるのではなく、届いた小包の箱の量を尋ねている（A）
が正解。小包の数で保管場所を決めようとしている様子がう
かがえる。

8. 　**正解 (C)**

(174) Can we afford to remodel the office, or will we relocate?

オフィスを改装する資金的な余裕はありますか、それとも移転
しますか。

(A) Actually, I used to work there.

実は、以前そこで働いてました。

(B) You can check the record.

あなたは記録を確認できますよ。

(C) Why don't we meet with a real estate
agency first?

最初に不動産屋へ行ってみませんか。

🏷 **語彙**　□ **afford**　（金銭的・時間的に）余裕がある
□ **remodel**　改装する　□ **relocate**　移転する
□ **real estate agency**　不動産屋
□ **used to 〜**　以前は〜していた

　remodel the office (オフィスを改装する) かrelocate (移転する) の2択を提示している。それに対し、不動産屋へ行くことを提案している (C) が正解。不動産屋へ行って、移転できそうな場所を探ろうとしているのがわかる。

9.　**正解 (B)**

(175) Would you like to dine inside or on the patio?

屋内でお食事したいですか、それともテラス席がいいですか。

(A) We received a great review.

私たちは良い評価を得ました。

(B) It might be comfortable outside today.

今日は屋外の方が、気持ちがいいかもしれません。

(C) Please set it down on the floor.

床に置いてください。

🏷 **語彙**　□ **dine**　食事をする　□ **review**　評価
□ **comfortable**　気持ちの良い
□ **set down 〜**　〜を下に置く

レストランに入った時の会話を想像しよう。接客係は食事をする場所として inside（屋内）か the patio（テラス席）のどちらがいいかを尋ねている。ここでは、屋外の方が気持ちがいいかもしれないと答えることで、遠回しにテラス席の方がいいと伝えている (B) が正解。

10. 正解 (A)

(176) Should we advertise for volunteers in a magazine or on a recruiting site?

ボランティアを雑誌で募集しますか、それとも求人サイトで募集しますか。

(A) How about posting a notice at the campus nearby?

近くのキャンパスにお知らせを貼るのはどうですか。

(B) I can see the sign a few blocks away.

数ブロック先に看板が見えます。

(C) You've got the wrong information.

あなたは間違った情報をお持ちです。

語彙　□ **advertise for** 〜　〜を募集する
　　　□ **recruiting site**　求人サイト

a magazine（雑誌）と a recruiting site（求人サイト）のどちらでボランティアを募るべきかを尋ねている。それに対し、「近くのキャンパスにお知らせを貼るのはどう？」という別の提案をしている (A) が正解。この場合、notice（お知らせ）が「求人に関するお知らせ」であることを文脈から読み取る必要があり、難易度が高い問題だと言える。

6.

質問文 Did you agree with the contract, or request to revise it?

応答文 We requested a few small changes.

7.

質問文 Should I place these packages in the storage room or in the closet?

応答文 How many of them are there?

8.

質問文 Can we afford to remodel the office, or will we relocate?

応答文 Why don't we meet with a real estate agency first?

9.

質問文 Would you like to dine inside or on the patio?

応答文 It might be comfortable outside today.

10.

質問文 Should we advertise for volunteers in a magazine or on a recruiting site?

応答文 How about posting a notice at the campus nearby?

　A or B のように尋ねる選択疑問文では、A の部分を上げ調子に、or 以降に書かれた B 部分を下げ調子に読む点に気をつけましょう。

6. agree with ～（～に同意する）のカタマリを意識しましょう。contract の発音記号は【kɑ̀ntrǽkt】で、カントゥラクt のような発音になります。revise it はつなげてリバイズィット のように発音しましょう。

7. packages の単数形 package の発音記号は【pǽkidʒ】で、複数形はパキッジィーズのような発音になります。storage の発音記号は【stɔ́ridʒ】でストリッジのような音になります。

8. afford to ～（～する余裕がある）のカタマリを意識しましょう。remodel の発音記号は【rìmɑ́dəl】でリマドゥのような発音になります。マにアクセントを置きましょう。

9. Would you はウッジューのように発音しましょう。最初の Would は W で始まるので、唇を少し突き出すように音を出すため、ウォに近い発音になります。patio の発音記号は【pǽtiòu】です。t が母音に挟まれているので、t が d のように聞こえ、パディオゥのような発音になります。

10. magazine はマガズィーンのように発音しましょう。recruiting の g はハッキリとグと発音せず、リクルーティンのように発音します。notice の発音記号は【nóutəs】です。ノーティスと発音せず、ノウティスのように発音しましょう。

なりきり　0.8

(177) (178) (179)

6.

質問文　Did you ----- ----- the -----, or ----- to ----- it?

応答文　We ----- a few ----- -----.

7.

質問文　Should I ----- these ----- in the ----- room or in the -----?

応答文　----- ----- of them are there?

8.

質問文　Can we ----- ----- ----- the office, or will we -----?

応答文　----- don't we ----- with a ----- ----- agency first?

9.

質問文　Would you like to ----- ----- or on the -----?

応答文　----- might be ----- outside today.

10.

質問文　Should we ----- for ----- in a magazine or on a ----- site?

応答文　How about ----- a ----- at the campus -----?

STEP 1　リピート音読5回

　音読用スクリプトを見ながら、音声のあとに続いて質問文と応答文をそれぞれリピートしましょう。 5回

1	2	3	4	5

STEP 2　穴埋め音読5回　リピート音読

　穴埋め音読用スクリプトを見て、空所を埋めながら音読します。音声のあとに続いて、質問文と応答文をそれぞれリピートしましょう。 5回

1	2	3	4	5

STEP 3　穴埋め音読5回　なりきり音読

　穴埋め音読用スクリプトを見て、空所を埋めながら音読します。問題番号の音声のあとに続いて、質問文を言いましょう。リピート練習ではありません。 5回

1	2	3	4	5

STEP 4　1文丸ごと暗唱5回　0.8倍速スピード

　何も見ずに、音声のあとに続いて、質問文と応答文をそれぞれリピートしましょう。 5回

1	2	3	4	5

STEP 5　1文丸ごと暗唱10回　普通スピード

　何も見ずに、音声のあとに続いて、質問文と応答文をそれぞれリピートしましょう。 10回

1	2	3	4	5
6	7	8	9	10

計30回 達成!! 頑張りました!	日付　　　／

2部

仕上げの問題演習

100問

さぁ、粘ろう!
最後の100問を
全力で!

仕上げの問題演習　1–10

問題を解きましょう。

1. Mark your answer on your answer sheet. (180)

2. Mark your answer on your answer sheet. (181)

3. Mark your answer on your answer sheet. (182)

4. Mark your answer on your answer sheet. (183)

5. Mark your answer on your answer sheet. (184)

6. Mark your answer on your answer sheet. (185)

7. Mark your answer on your answer sheet. (186)

8. Mark your answer on your answer sheet. (187)

9. Mark your answer on your answer sheet. (188)

10. Mark your answer on your answer sheet. (189)

解答

1	2	3	4	5	6	7	8	9	10
A	C	C	B	C	B	A	C	B	A

解説

1. 　正解 (A)　　問題番号　選択疑問文：No. 2

(180) Are you planning to rent an apartment or buy a
house?

アパートを借りるつもりですか、それとも家を購入するつもり
ですか。

(A) I just got the key from my landlord
yesterday.

昨日、ちょうど大家から鍵をもらいました。

(B) Not yet, but I'll do it next.

まだですが、次にやります。

(C) You can park your car over there.

向こうに車を停められます。

語彙　　□ **landlord** 大家　□ **park** （車を）停める

「大家から鍵をもらった」と説明し、アパートを借りるとい
うことを遠回しに伝えている (A) が正解。(B) の「まだです」
は、「〜を既にやりましたか」という問いに対する応答の仕方。

2. 正解 (C) ┃ 問題番号 依頼・許可・勧誘／提案・申し出：No. 3

(181) Why don't we interview these candidates together?

これらの候補者を一緒に面接するのはどうですか。

(A) I'm sorry to keep you waiting.

お待たせして申し訳ございません。

(B) At two o'clock.

2時です。

(C) Can you book a meeting room for it?

そのために会議室を予約できますか。

　候補者を一緒に面接することを提案され、そのために会議室を予約するように頼んでいる (C) が正解。提案を受け入れていることを暗に意味している。

3. 正解 (C) ┃ 問題番号 WH 疑問文：No. 2

(182) What topics were covered in the morning session?

午前の部では、どんな話題が扱われたのですか。

(A) Cole drives to work on Mondays.

Cole は月曜日は車で通勤します。

(B) We're meeting the client later today.

今日この後、私たちは顧客に会う予定です。

(C) Our manager explained the new safety regulations.

マネージャーが新しい安全規制について説明しました。

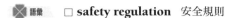

語彙 □ **safety regulation** 安全規則

「どんな話題が扱われたのか」と聞かれ、「マネージャーが新しい安全規制について説明した」と伝えている (C) が正解。(B) はこれからの予定を伝えているだけで、午前の部で行われた話題とは関係がないため不正解。

---

4. 正解 (B) 問題番号 Yes/No 疑問文：No. 17

(183) Are you going to hire a caterer for Adam's retirement party?

Adam の退職パーティーに仕出し業者を雇うつもりですか。

(A) The menu isn't printed very well.
メニューがあまりうまく印刷されていません。

(B) Do you have any recommendations?
お勧めはありますか。

(C) There are paper cups in the cabinet.
棚に紙コップがあります。

仕出し業者を雇うつもりかどうかと聞かれ、「(仕出し業者の) お勧めはありますか」と相手に尋ねている (B) が正解。いい仕出し業者がいるのであれば検討したいという意図が汲み取れる。(A) の The menu はどのメニューを指すのか不明確。(C) は、棚に紙コップがあることと、仕出し業者を雇うこととは無関係なため不正解。

5. 正解 (C)　問題番号　付加疑問文　否定疑問文：No. 9

(184) Our manager has approved the budget for the new computers, hasn't he?

マネージャーは新しいコンピューターの予算を承認したんですよね。

(A) Our company profile is available online.

会社概要はオンラインでご覧いただけます。

(B) The deadline for the project is next Friday.

そのプロジェクトの締め切りは次の金曜日です。

(C) Yes, I'm placing an order next week.

はい、来週発注するつもりです。

語彙　□ **company profile**　会社概要
　　　□ **place an order**　発注する

　マネージャーから予算の承認が得られたかどうかの質問に対し、明確にYesと返答し、「(コンピューターを) 発注するつもり」と伝えている (C) が正解。(A) では、会社概要の閲覧を勧めているが、会社概要では、マネージャーが予算を承認したかどうかは読み取れないため、返答として成り立たない。

6. 正解 (B)　問題番号　WH 疑問文：No. 18

(185) Who will lead the product demonstration tomorrow?

明日の製品実演は誰が担当するのですか。

(A) Most of the guests have arrived.

ほとんどの招待客が到着しています。

(B) It's been postponed.

それは延期になりました。

(C) At the café on the second floor.

2階のカフェです。

語彙 □ **postpone** 延期する

　明日に実施される製品実演について尋ねているが、延期になったと答えている(B)が正解。主語itはthe product demonstrationを指している。

7. 　正解 (A) 　問題番号 Yes/No 疑問文：No. 16

(186) Have the tickets already sold out?

チケットは既に売り切れましたか。

(A) Let me check the database.

データベースを確認させください。

(B) By the end of the month.

月末までに。

(C) We'll finish it next Sunday.

我々は次の日曜日にそれを終える予定です。

　チケットが完売したかどうかを聞かれ、残数を調べるためにデータベースを確認すると伝えている(A)が正解。(C)では、「次の日曜日にそれを終える予定」と伝えているが、「次の日曜日にそれ(チケット)を販売し終える⇒売り切れる」のような間違った解釈をしないようにしよう。

8. 正解 (C)   問題番号 依頼・許可・勧誘／提案・申し出：No. 11

(187) Can you register the customers' profiles?

顧客のプロフィールを登録してもらえますか。

(A) To meet customer demands.

お客の需要を満たすためです。

(B) A group of ten people.

10人のグループです。

(C) I don't know how to do that.

やり方がわかりません。

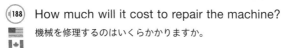 語彙 □ **meet** 満たす □ **demand** 需要
　　　□ **how to ~** ~のやり方

　プロフィールの登録をお願いされ、「登録の仕方がわからない（だからできない）」という旨を伝えている(C)が正解。(A)のようにto不定詞で応答するのはWhyで尋ねられた時。

9. 正解 (B)   問題番号 WH疑問文：No. 13

(188) How much will it cost to repair the machine?

機械を修理するのはいくらかかりますか。

(A) I guess it's very slow.

とても遅いと思います。

(B) It's still under warranty.

そちらはまだ保証期間中です。

(C) There's a problem with the audio system.

音響システムに問題があります。

❌ 語彙　□ **under warranty**　保証期間中
　　　　□ **audio system**　音響システム

　修理代を尋ねられ、「保証期間中」と返答することで「修理代はかからない」と遠回しに伝えている(B)が正解。

10.　正解 (A)　問題番号 平叙文：No. 5

(189) I'm wondering if I can take the day off on Friday.
🇨🇦🇬🇧 金曜日にお休みを取ろうと思っています。

(A) You'd better tell the manager immediately.
　　早くマネージャーに伝えた方がいいですよ。

(B) I have my passport with me.
　　私はパスポートを持っています。

(C) Sure, you can join us.
　　もちろん、参加できますよ。

❌ 語彙　□ **had better ～**　～した方がいい

　「休みを取ろうと思っている」という発言に対して、「(休みを取るつもりなら) 早くマネージャーに伝えた方がいい」と返答している(A)が正解。マネージャーが人員調整やシフト調整をする必要があるという背景が伝わってくる。

問題を解きましょう。

11. Mark your answer on your answer sheet. (190)

12. Mark your answer on your answer sheet. (191)

13. Mark your answer on your answer sheet. (192)

14. Mark your answer on your answer sheet. (193)

15. Mark your answer on your answer sheet. (194)

16. Mark your answer on your answer sheet. (195)

17. Mark your answer on your answer sheet. (196)

18. Mark your answer on your answer sheet. (197)

19. Mark your answer on your answer sheet. (198)

20. Mark your answer on your answer sheet. (199)

解答

11	12	13	14	15	16	17	18	19	20
A	B	C	B	A	C	A	B	C	C

解説

11. 　正解 (A)　問題番号 依頼・許可・勧誘／提案・申し出：No. 10

（190） Can I help edit the promotional video?

宣伝用ビデオの編集を手伝いましょうか。

(A) Thanks, but do you have editing software?

ありがとう。でも編集用ソフトを持っていますか。

(B) The musician will arrive soon.

すぐにそのミュージシャンは到着します。

(C) There is no need to buy it.

それを買う必要はありません。

語彙　□ **editing** 編集

　Can I help〜?（〜を手伝いましょうか）と手伝いの申し出をしている相手に対し、Thanksとお礼を言っている(A)が正解。promotional video（宣伝用ビデオ）と聞いて、musicianを連想して(B)を選ばないように気をつけよう。

12. 　正解 (B)　問題番号 Yes/No 疑問文：No. 15

（191） Will your customer drop by the office?

あなたのお客さんはオフィスに立ち寄る予定ですか。

(A) Please turn off the light.

電気を消してください。

(B) Yes, at two o'clock today.

はい、今日の2時に。

(C) The bus runs every 30 minutes.

バスは30分ごとに走っています。

✕ 語彙　□ **every 〜**　〜ごとに

　客がオフィスに立ち寄る予定かと聞かれて、直接的にYes と答え、かつ、その時間を答えている(B)が正解。

13.　正解 (C)　問題番号 WH 疑問文：No. 19

(192) Why aren't the new employees in the office?

なぜ新入社員はオフィスにいないのですか。

(A) I updated the software on my computer.

私のパソコンのソフトウェアを更新しました。

(B) The results have been very positive.

非常に良い結果が得られています。

(C) I'm not sure, I just arrived.

わかりません、到着したばかりなので。

✕ 語彙　□ **update** 更新する　□ **result** 結果

　新入社員がオフィスにいない理由を尋ねられ、I'm not sure. (わかりません)と直接的に答えており、また、「到着したばかりなので」と理由も説明している(C)が正解。

14. 正解（B）　問題番号 依頼・許可・勧誘／提案・申し出：No. 13

(193) How about inviting an author to our bookstore?

著者を私たちの本屋に招待するのはどうですか。

(A) As far as I know.

私が知っている限り。

(B) It might be a good way to promote books.

本を宣伝するのにいい方法かもしれません。

(C) The new model will be released next month.

来月、新しいモデルが発売されます。

語彙　□ **as far as ~**　~に関する限りは

　著者を本屋に招待するのはどうかと提案され、「本を宣伝するのにいい方法かもしれない」と、その提案を受け入れている（B）が正解。

15. 正解（A）　問題番号 Yes/No 疑問文：No. 10

(194) Was the headquarters relocated to New York?

本社がニューヨークに移転したんですか。

(A) We're looking for an appropriate site now.

私たちは今、適した場所を探しています。

(B) We have to meet the deadline.

私たちは締め切りに間に合わせなければいけません。

(C) It was really hard to find it.

それを見つけるのがとても大変でした。

語彙　□ **appropriate**　適した

本社のニューヨークへの移転を問われ、移転先となる場所を探していることを伝えている(A)が正解。この返答から、まだ移転はしておらず、移転の計画をしている段階だとわかる。(C)の場合は、find it の it が何を指すか不明瞭であるため会話は成立しない。

16. 正解 (C) 　問題番号 　付加疑問文 　否定疑問文：No. 3

(195) The warranty will cover the repair, won't it?

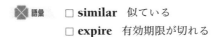

保証で修理の費用をまかなえますよね。

(A) We have a similar program.

　　同じようなプログラムを持っています。

(B) The museum is closed on Mondays.

　　月曜日、博物館はお休みです。

(C) I'm afraid it's already expired.

　　申し訳ありませんが、既に期限が切れています。

語彙　　□ **similar** 　似ている

　　　　　　□ **expire** 　有効期限が切れる

　修理をお願いしたい客と店員のやり取りを想像しよう。保証で修理の費用をまかなえるかどうかの質問に対し、「既に(保証書の) 期限が切れています」と説明し、修理の費用が発生する旨を伝えている(C)が正解。

17. 正解 (A) 問題番号 WH疑問文：No. 9

(196) What are the requirements for the position?

この職に必要な要件は何ですか。

(A) They're all on the company Web site.
それらは全て会社のウェブサイトに載っています。

(B) The interview will start at three P.M.
面接は午後3時に始まります。

(C) You should keep it in this file folder.
このファイルフォルダーに保管してください。

語彙　□ interview　面接

「それら（その職に必要な要件）は会社のウェブサイトに載っている」と答えている (A) が正解。必要な要件を知りたければ、ウェブサイトを見ればわかるということを伝えている。

18. 正解 (B) 問題番号 平叙文：No. 8

(197) I can't decide which projector to buy.
どちらのプロジェクターを買えばいいのか決められません。

(A) The schedule was updated yesterday.
昨日、スケジュールは更新されました。

(B) We've already used up our budget.
私たちは既に予算を使い果たしてしまいました。

(C) I haven't seen that movie before.
その映画を見たことがありません。

語彙　　□ **update** 更新する　□ **use up** 使い果たす
　　　　□ **budget** 予算

　プロジェクターの選定に迷っている相手に対し、「予算を
使い果たしてしまった」と言うことによって「もう新しいプロ
ジェクターを買う予算がないので買えない」と暗に伝えてい
る(B)が正解。

19. 　正解 (C)　　問題番号　選択疑問文：No. 4

(198) Does Mari subscribe to the printed version of
　　　 the magazine or the online version?

　　 Mari は雑誌の印刷版を定期購読していますか、それともデジタ
　　 ル版ですか。

(A) The next issue will be released soon.

　　 次号はすぐに発売されます。

(B) There are some publishing companies
　　 around here.

　　 この辺には出版会社がいくつかあります。

(C) I heard she signed up for both.

　　 彼女は両方とも契約したと聞きました。

語彙　　□ **issue** （雑誌の）号　□ **release** 発売する
　　　　□ **sign up for ~** ~に契約する

　Mari の雑誌の購読方法について聞かれ、「両方とも契約し
たと聞いた」と答えている(C)が正解。「both (両方)」という
のは、印刷版・デジタル版を指している。

20. 正解 (C)　問題番号 WH 疑問文：No. 4

(199) Who's responsible for organizing the monthly luncheon?

誰が月1回の昼食会を企画する担当ですか。

(A) I won a pair of tickets at the event.

イベントでペアチケットが当たりました。

(B) She's a very famous author.

彼女はとても有名な著者です。

(C) Jason is taking care of it.

Jason が担当しています。

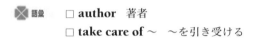 語彙　□ **author**　著者
　　　　□ **take care of ～**　～を引き受ける

　Who（誰）と聞かれた時の基本応答パターンは「名前で答える」であることを思い出そう。ここではJasonという名前を挙げている（C）が正解。take care of ～は「～を引き受ける（～を担当している）」という意味。ここでのitは「昼食会を企画すること」を意味している。

仕上げの問題演習　21–30

問題を解きましょう。

21. Mark your answer on your answer sheet.　(200)

22. Mark your answer on your answer sheet.　(201)

23. Mark your answer on your answer sheet.　(202)

24. Mark your answer on your answer sheet.　(203)

25. Mark your answer on your answer sheet.　(204)

26. Mark your answer on your answer sheet.　(205)

27. Mark your answer on your answer sheet.　(206)

28. Mark your answer on your answer sheet.　(207)

29. Mark your answer on your answer sheet.　(208)

30. Mark your answer on your answer sheet.　(209)

解答

21	22	23	24	25	26	27	28	29	30
B	A	C	C	B	B	C	A	C	A

解説

21. 正解 (B) 問題番号 Yes/No疑問文：No. 12

(200) Have the product samples been shipped yet?

製品サンプルはもう発送されましたか。

(A) Five o'clock would be better for me.

5時が私にとって都合がいいです。

(B) You'll receive them this afternoon.

今日の午後に受け取れますよ。

(C) He works in the shipping department.

彼は出荷部門で働いています。

語彙 □ **shipping department** 出荷部門

　製品サンプルの発送について問われて、「今日の午後に受け取れますよ」と午後に到着予定であることを答えることで、既に発送済みであることを伝えている(B)が正解。(A)は荷物を受け取る側が言う可能性のあるセリフであり、発送側のセリフではない点に注意。

22. 正解 (A) 問題番号 付加疑問文 否定疑問文：No. 6

(201) Haven't you worked with Walter in the human resources department?

Walterと人事部で働いたことはありませんか。

(A) I know of him, but I've never met him.

彼のことは知っていますが、会ったことはありません。

(B) The manager agreed with our ideas.

マネージャーは我々の考えに同意しました。

(C) The department store was built a year ago.

そのデパートは1年前に建てられました。

❌ 語彙　□ **agree with ～**　～に同意する

　Walterと一緒に働いた経験があるかどうかを問われ、「会ったことはない」と応答することで、働いたことがない旨を伝えている(A)が正解。

23. 　正解 (C)　　問題番号▶ 平叙文：No. 3

(202) The train to Sydney has already left.

🇺🇸🇦🇺 シドニー行きの電車は既に出発してしまいました。

(A) No, there isn't.

いいえ、ありません。

(B) Only fifteen minutes ago.

たった15分前です。

(C) Did the timetable change?

時刻表が変わったのですか。

❌ 語彙　□ **timetable**　時刻表

　シドニー行きの電車が既に出発してしまったことを知り、それが想定外だったかのように、「時刻表が変わったのですか」

とやや驚いている様子で質問している(C)が正解。(B)は、「いつ電車は出発したのですか」のような問いに対する返答であり、ここでは適切ではない。

24. 正解 (C)　問題番号 WH疑問文：No. 23

(203) When did you submit the evaluation sheet?

あなたはいつ評価表を提出しましたか。

(A) It was sold out.

それは売り切れました。

(B) To the human resources department.

人事部にです。

(C) A week ago.

1週間前です。

語彙　□ **sell out**　完売する

□ **human resources department**　人事部

Whenに対しての基本応答パターンには「時を表す単語が含まれている」ということを思い出そう。ここでは、直接的に「1週間前」と返答している(C)が正解。

25. 正解 (B)　問題番号 選択疑問文：No. 1

(204) Will you send the contract by express mail or ordinary mail?

契約書を速達便で送りますか、それとも普通便で送りますか。

(A) Let's take a shortcut.

近道しましょう。

(B) I'd like for it to arrive by tomorrow.

明日までにそれを届けたいんです。

(C) He works at city hall.

彼は市役所で働いています。

✕ 語彙　□ **shortcut**　近道　□ **city hall**　市役所

　契約書の発送手段を聞かれて、「明日までにそれ (契約書) を届けたい」と述べることで、「急ぎの発送だ ⇨ 速達便で発送したい」ということを暗に伝えている (B) が正解。

26.　**正解 (B)**　**問題番号** WH 疑問文：No. 24

(205) Who was assigned as the trainer?

トレーナーとして誰が割り当てられましたか。

(A) I saw Henry in the lobby.

ロビーで Henry を見ました。

(B) It hasn't been decided yet.

まだ決まっていません。

(C) Here's the updated expense report.

こちらが更新された経費報告書です。

✕ 語彙　□ **updated**　更新された　□ **expense**　経費

　トレーナーの割り当てについて尋ねられ、「まだ (割り当ては) 決まっていません」と答えている (B) が正解。Who (誰が) と尋ねられて名前で答えるのは基本応答パターンの1つだが、Henry とある (A) では応答になっていない点に注意。(C) では経費報告書を渡している様子がわかるが、経費報告書では、トレーナーの割り当てはわからないため、会話は成り立たない。

27. 正解 (C) 問題番号 依頼・許可・勧誘／提案・申し出：No. 18

(206) Would you ask Maria if she can train the interns on Monday?

月曜日に Maria が実習生を指導できるか聞いてもらえますか。

(A) No, it was on Thursday.

いいえ、それは木曜日でした。

(B) There are twelve members.

12人のメンバーがいます。

(C) OK, I'll contact her right away.

わかりました、すぐに彼女に連絡します。

語彙 □ **contact** 連絡をする

Maria に実習生の指導ができるかを尋ねるように依頼している。それに対し、「すぐ彼女に連絡します（⇒すぐに彼女に聞いてみます）」と応答している(C)が正解。(A)のitは何を指すのか不明であり、文が過去形になっている点からも会話は成立しない。

28. 正解 (A) 問題番号 WH 疑問文：No. 1

(207) Where are the office supplies stored?

事務用品はどこに保管していますか。

(A) You should ask my assistant.

私のアシスタントに聞いてください。

(B) I went to the post office today.

今日、郵便局へ行きました。

(C) There's not much difference.

あまり違いはありません。

　事務用品の保管場所を問われ、「(自分ではわからないので / 今、自分は忙しいので) アシスタントに聞いてください」と伝えている (A) が正解。このように、自分では答えずに他の人に聞くように指示するという返答も頻出パターン。

29. 正解 (C)　問題番号 Yes/No 疑問文：No. 13

(208) Do we need to take the boxes into the warehouse?

箱を倉庫に運ぶ必要はありますか。

(A) Thanks for setting the tables.

テーブルをセッティングしてくれてありがとう。

(B) New carpet was installed last night.

昨日、新しいカーペットが設置されました。

(C) The night shift workers will take care of it.

夜勤の人たちがやりますよ。

語彙　□ **install** 設置する
　　　□ **take care of ～** ～を引き受ける

　箱を倉庫に運ぶ必要があるかどうかを尋ねられ、「夜勤の人たちがやりますよ」と答えることで、「自分たちはやる必要がない」ということを伝えている (C) が正解。

30. 正解 (A) 問題番号 依頼・許可・勧誘／提案・申し出：No. 6

(209) Do you mind if I use your stapler?

ホッチキスをお借りしても構いませんか。

(A) Check in the second drawer from the top.

上から2番目の引き出しを確認してください。

(B) It'll be out of stock soon.

それはすぐに在庫切れになるでしょう。

(C) All items are on sale.

全ての品物がセール中です。

語彙
- □ **drawer** 引き出し
- □ **out of stock** 在庫切れ
- □ **on sale** セール中

　ホッチキスを借りたいと言っている相手に対し、ホッチキスがある場所を伝えている(A)が正解。場所を伝えることで「使っても構わない」ということも同時に伝わってくる。

問題を解きましょう。

31. Mark your answer on your answer sheet.　(210)

32. Mark your answer on your answer sheet.　(211)

33. Mark your answer on your answer sheet.　(212)

34. Mark your answer on your answer sheet.　(213)

35. Mark your answer on your answer sheet.　(214)

36. Mark your answer on your answer sheet.　(215)

37. Mark your answer on your answer sheet.　(216)

38. Mark your answer on your answer sheet.　(217)

39. Mark your answer on your answer sheet.　(218)

40. Mark your answer on your answer sheet.　(219)

解答

31	32	33	34	35	36	37	38	39	40
B	A	C	C	A	C	B	A	B	B

解説

31. 　正解 (B) 　問題番号 付加疑問文　否定疑問文：No. 5

(210) Mr. Miller delivered an excellent speech, didn't he?

🇺🇸
🇨🇦 Miller さんは素晴らしいスピーチをしましたよね。

(A) Yes, I received the invoice yesterday.

はい、昨日請求書を受け取りました。

(B) He has a lot of experience as a speaker.

彼はスピーカーとして経験が豊富です。

(C) Could you text me the serial number?

シリアル番号をテキストで送っていただけますか。

❌ 語彙 　□ **invoice** 請求書

□ **text** （携帯電話で文字メッセージを）送る

　Miller さんの素晴らしいスピーチに対して共感を求めてきた相手に対し、Miller さんの経験の豊富さを伝えながら、その感想に共感している (B) が正解。

32. 　正解 (A) 　問題番号 WH 疑問文：No. 14

(211) Which hotel did you stay at during your business trip?

🇬🇧
🇨🇦 出張中、どのホテルに滞在したのですか。

(A) I stayed at the Marizon Hotel for the first time.

Marizon ホテルに初めて泊まりました。

(B) You can stop by anytime.

いつでもお立ち寄りください。

(C) There's enough space.

十分なスペースがあります。

❌ 語彙　□ **for the first time**　初めて

□ **stop by**　立ち寄る

　どのホテルに滞在したのかと聞かれ、Marizon Hotelに宿泊したと直接的に答えている(A)が正解。(C)は「十分なスペースがある」と伝えているが、どこのスペースについて述べているのか不明であり、応答として成り立たない。

33.　正解 (C)　問題番号 Yes/No 疑問文：No. 7

(212) Will Mr. Baker be in time for the press conference?

Baker さんは記者会見に間に合いますか。

(A) At the monthly meeting.

月例会議で。

(B) It normally closes at eight o'clock.

それはたいてい8時で閉まります。

(C) Traffic is really heavy today.

今日はとても渋滞しています。

語彙 □ **monthly** 月1回の
□ **normally** たいてい □ **traffic** 交通量

Bakerさんが記者会見に間に合うのかを聞かれ、その日の交通量が多く、間に合わない可能性を示唆している(C)が正解。

34. 正解(C) 問題番号 WH疑問文:No. 21

(213) Where is the gym located in this hotel?

このホテルにはどこにジムがありますか。

(A) By train.

電車で。

(B) The guests will arrive soon.

宿泊客がすぐに到着します。

(C) Just go upstairs.

ただ上の階に行くだけです。

語彙 □ **upstairs** 上の階へ

ジムの場所を聞かれ、上の階へ行くように伝えている(C)が正解。このように、場所を答えるのではなく、そこまでの行き方(または道順)を伝える場合もある。(A)はHow(どのように)を使って「どのようにここまで来ましたか」のような質問に対する答え方(交通手段を表すbyを用いる)である。

35. 正解 (A)　問題番号 Yes/No 疑問文：No. 2

(214) Did your team complete the product testing yesterday?

昨日、あなたのチームは製品テストを終えましたか。

(A) Everything was done on schedule.

全てがスケジュール通りに行われました。

(B) To change the color.

色を変更するために。

(C) We need to update the itinerary.

私たちは旅程を変更する必要があります。

語彙　□ **on schedule** スケジュール通りに
□ **itinerary** 旅程

　製品テストを終えたかどうかを聞かれ、「全てがスケジュールに行われた (=全て終えた)」と答えている (A) が正解。(C) では、旅程を変更する必要があると伝えているが、製品テストと旅程の関係性が読み取れないため不正解。

36. 正解 (C)　問題番号 WH 疑問文：No. 11

(215) Who should I give the expense report to?

誰に経費報告書を渡せばいいですか。

(A) He works here as a software designer.

彼はソフトウェア設計者としてここで働いています。

(B) By tomorrow morning.

翌朝までです。

(C) You can submit it online.

オンラインで提出できますよ。

　経費報告書を渡すべき相手を尋ねられ、現物を誰かに提出する必要はなく、オンラインで提出ができることを伝えている (C) が正解。(A) は He が誰を指すのが不明であり、また、経費報告書をソフトウェア設計者に提出するというのは考えにくいため、会話は成り立たない。

37. 　正解 (B) 　問題番号 平叙文：No. 10

(216) Kelly seems familiar with plants.

Kelly は植物に詳しそうですね。

(A) I don't have any plans tomorrow.

明日は何も予定がありません。

(B) She's an expert at gardening.

彼女はガーデニングの専門家です。

(C) There's a park nearby.

近くに公園があります。

語彙　□ **expert**　専門家

　Kelly が植物に詳しそうだという意見に、その理由を「彼女はガーデニングの専門家だ (⇒だから植物に詳しい)」と伝えている (B) が正解。plants と (A) の plans が似たような音だが、安易に (A) を選ばないように気をつけよう。

38. 正解 (A) 問題番号 依頼・許可・勧誘／提案・申し出：No. 1

(217) Could you keep the window open?

🇨🇦🇬🇧 窓を開けたままにしてくれますか。

(A) Don't you think it's noisy outside?

外が騒がしいと思いませんか。

(B) I'm sure he'll come.

彼は来ると思います。

(C) No, put it on the table.

いいえ、テーブルの上に置いてください。

　　窓を開けたままにしてほしいという依頼に対し、「外が騒がしいと思いませんか」と尋ねることで、窓を閉めて騒音を遮断したいという気持ちを伝えている (A) が正解。

39. 正解 (B) 問題番号 選択疑問文：No. 5

(218) Do you drive to work or commute by train?

🇬🇧🇦🇺 車を運転して通勤していますか、それとも電車で通勤していますか。

(A) You can save money by using it.

それを使うことでお金を節約できます。

(B) I live just a short walk away from the office.

オフィスから歩いてすぐのところに住んでいます。

(C) Yes, I like sightseeing.

はい、観光が好きです。

❌ 語彙 　□ **save** 節約する　□ **sightseeing** 観光

　車と電車の2択で通勤手段を聞かれ、「オフィスから歩いて
すぐのところに住んでいる」と、徒歩で通勤が可能なことを
伝えている(B)が正解。

40. 　正解 (B)　　問題番号　依頼・許可・勧誘／提案・申し出：No. 17

(219) Would it be possible to extend the deadline?
期限を延ばすことは可能でしょうか。

(A) I went there just once on vacation.
　　一度だけ、休暇中にそこに行きました。

(B) When can you submit the report?
　　いつ報告書を提出できますか。

(C) We're excited to hear that.
　　私たちはそれを聞いてワクワクしています。

　語彙　　□ **on vacation**　休暇中に

　期限を延ばすことが可能か聞かれ、「いつなら報告書の提
出が可能なのか(いつまで期限を延ばす必要がありそうか)」と尋
ねている(B)が正解。許可できる程度の延長で済むかを検討
したいという気持ちが表れている応答だ。

仕上げの問題演習　41–50

問題を解きましょう。

41. Mark your answer on your answer sheet. （220）

42. Mark your answer on your answer sheet. （221）

43. Mark your answer on your answer sheet. （222）

44. Mark your answer on your answer sheet. （223）

45. Mark your answer on your answer sheet. （224）

46. Mark your answer on your answer sheet. （225）

47. Mark your answer on your answer sheet. （226）

48. Mark your answer on your answer sheet. （227）

49. Mark your answer on your answer sheet. （228）

50. Mark your answer on your answer sheet. （229）

解答

41	42	43	44	45	46	47	48	49	50
B	C	A	B	A	A	C	B	C	C

解説

41. 正解 (B)　問題番号 WH 疑問文：No. 20

(220) How did your presentation go yesterday?

🇬🇧🇦🇺 昨日、あなたのプレゼンテーションはどうでしたか。

(A) I went to Hawaii for my summer vacation.

私は夏休みにハワイへ行きました。

(B) We rescheduled it to next week.

私たちは、来週にスケジュールを変更しました。

(C) My passport will expire in a year.

私のパスポートは1年後に期限が切れます。

🔖 語彙　□ **reschedule**　スケジュールを変更する
　　　　□ **expire**　有効期限が切れる

　プレゼンテーションがどう進んだかを聞かれ、プレゼンテーションの実施日を来週に変更したと伝えている (B) が正解。そもそも昨日はプレゼンテーションを行っていないということがわかる。

42. 正解 (C)　問題番号 依頼・許可・勧誘／提案・申し出：No. 12

(221) May I leave my bag here for a moment?

🇦🇺🇨🇦 少しの間、ここにカバンを置いていっていいですか。

(A) It looks like the shop is open.

そのお店は開いているように見えます。

(B) Usually for 30 minutes.

通常、30分です。

(C) OK, I'll keep an eye on it.

いいですよ。見張っています。

❌ 語彙 □ **keep an eye on ～** ～を見張っている

　カバンを置いていっていいかと尋ねられ、OK（いいですよ）と直接的に了解し、「（カバンを）見張っています」と伝えている（C）が正解。

---

43. 正解 (A)　問題番号 WH 疑問文：No. 27

🔊222 Where can we get a parking permit?

私たちは駐車許可証をどこでもらえますか。

(A) They'll be distributed next Monday.

次の月曜日に配られる予定です。

(B) Let's take a lunch break.

昼休みをとりましょう。

(C) Could you put it over there?

あちらに置いていただけますか。

❌ 語彙 □ **distribute** 配布する

　数人の新入社員が、駐車許可証を求めている場面を想像してみよう。駐車許可証が手に入る場所を聞かれ、「（駐車許可証は）月曜日に配られる」と答えることで、自分たちで駐車許

可証をもらいに行く必要はないと遠回しに伝えている (A) が
正解。

44. 正解 (B) 問題番号 Yes/No 疑問文：No. 6

(223) Did you send the invitations for the award
ceremony?

授賞式の招待状を送りましたか。

(A) That sounds fun.
楽しそうですね。

(B) I asked Allen to do that.
Allen にそうするように頼みました。

(C) They're planning a special party.
彼らは特別なパーティーを計画しています。

招待状を送ったかどうかを尋ねられ、Allen に送るように
頼んだと答えている (B) が正解。〈ask + 人 + to do：人に～
するのを頼む〉という文構造になっている。

45. 正解 (A) 問題番号 付加疑問文 否定疑問文：No. 7

(224) These are a new line of shoes, aren't they?

これらは新しい靴のラインナップですよね。

(A) They're a previous model from last year.
それらは去年作られた前のモデルです。

(B) That's a top priority for us.
それは私たちにとって最優先事項です。

(C) Let's set a date and time.

日付と時間を設定しましょう。

語彙 □ **previous** 前の □ **priority** 優先事項

　目の前に並んだ靴を指して、新しい靴のラインナップかと
尋ねている場面を想像しよう。新しいラインナップではなく、
去年作られた前のモデルだと説明している(A)が正解。

46. 正解 (A)　問題番号 依頼・許可・勧誘／提案・申し出：No. 2

(225) Do you mind if I take this seat?

この座席に座っても構いませんか。

(A) Not at all.

全く構いません。

(B) In the administrative department.

管理部です。

(C) Yes, you can check it out here.

はい、こちらで確認できます。

語彙 □ **administrative** 管理の

　Do you mind if I 〜（私が〜しても構いませんか）と聞かれ、
(A)Not at all（全く構いません）と返答するのは頻出パターン。
Not at allは音がつながって、ナラローのように聞こえるの
で、ぜひ何度も音を聞いて慣れておこう。

47. 正解 (C)　問題番号 WH疑問文：No. 3

(226) When are you supposed to go on your
business trip?

いつ出張に行く予定になっていますか。

(A) OK, I'll be there in ten minutes.

わかりました、10分後にそちらに行きます。

(B) No, the shipment was canceled.

いいえ、発送はキャンセルされました。

(C) The schedule is being revised.

スケジュールは修正中です。

語彙　□ **revise** 修正する

　出張の予定を聞かれ、「(出張の) スケジュールは修正中だ」と答えることで、日程はまだ決まっていないことを伝えている(C)が正解。(B)はNoと返答しているが、WH疑問文に対してYes/Noでは答えられないため不正解。

48. 正解 (B)　問題番号 選択疑問文：No. 7

(227) Should I place these packages in the storage
room or in the closet?

これらの小包を保管室に置くべきですか、それともクローゼットに置くべきですか。

(A) Sorry, I don't have anything.

すみません、何も持っていません。

(B) In the storage room is fine.

保管室で大丈夫です。

(C) We have three packaging options.

　　私たちは3種類の包装があります。

語彙 　□ **storage room**　保管室　□ **option**　選択肢

　小包の置き場所について尋ねられ、「保管室で大丈夫です」と直接的に質問に答えている(B)が正解。質問文で使われているstorage roomという同じ単語を使って答えているため、解答を選びやすく、易しい問題。

49. 　正解 (C)　　問題番号 Yes/No 疑問文：No. 20

(228) Has the new accounting manager been appointed?

　　新しい経理部長は任命されましたか。

(A) No, they were in the office yesterday.

　　いいえ、昨日、彼らはオフィスにいました。

(B) Sara gave me directions.

　　Sara が道案内をしてくれました。

(C) I haven't heard anything yet.

　　まだ何も聞いていません。

語彙 　□ **direction**　道順

　新しい経理部長の任命について聞かれ、「まだ何も聞いていない (⇨だから答えられない)」と伝えている(C)が正解。このように、「まだ何も聞いていない」のような返答や、「知りません」「わかりません」などは、どんな質問に対しても応答として成り立つ場合が多い。

50. 正解 (C) 問題番号 平叙文：No. 1

(229) I'd like you to go over the proposal before the meeting.

ミーティングの前に提案書を見ていただきたいのですが。

(A) Luis will come with us.

Luis が私たちと一緒に来ます。

(B) To enter the data by tomorrow.

明日までにデータ入力するためです。

(C) Sorry, I'm leaving the office in five minutes.

ごめんなさい、5分後にオフィスを出てしまいます。

語彙 □ **enter** 入力する

　ミーティングの前に提案書を見てもらうように依頼され、「5分後にオフィスを出てしまう」と答えることで、暗に「見る時間がない」と伝えている(C)が正解。

　(B)の to 不定詞を用いた返答は、Why に対する応答。

仕上げの問題演習 51-60

問題を解きましょう。

51. Mark your answer on your answer sheet. (230)

52. Mark your answer on your answer sheet. (231)

53. Mark your answer on your answer sheet. (232)

54. Mark your answer on your answer sheet. (233)

55. Mark your answer on your answer sheet. (234)

56. Mark your answer on your answer sheet. (235)

57. Mark your answer on your answer sheet. (236)

58. Mark your answer on your answer sheet. (237)

59. Mark your answer on your answer sheet. (238)

60. Mark your answer on your answer sheet. (239)

解答

51	52	53	54	55	56	57	58	59	60
A	B	A	C	B	B	C	A	B	C

解説

51. 正解 (A) 問題番号 WH 疑問文：No. 7

(230) Which branch will Mr. Lopes transfer to?

Lopes さんはどの支店へ異動するのですか。

(A) Oh, I thought he retired last year.

ああ、彼は去年退職したと思っていました。

(B) The workers are trimming the trees.

作業員が木の剪定をしているところです。

(C) They're building a new convention center.

新しいコンベンションセンターを建設中です。

語彙 □ **retire** 退職する □ **trim** 剪定する

　Lopes さんの異動先を尋ねられ、「退職したと思っていた」と答えることで、異動するとは知らず、勘違いしていたことが伝わってくる (A) が正解。

52. 正解 (B) 問題番号 依頼・許可・勧誘／提案・申し出：No. 8

(231) Can I get copies of the contracts?

契約書のコピーをいただけますか。

(A) My first day was on Monday.

私の初日は月曜日でした。

(B) They haven't been revised yet.

まだ修正されていません。

(C) I'll take a look at the movie reviews.

その映画のレビューを見てみます。

語彙 □ **revise** 修正する

　契約書のコピーを依頼され、「まだ (契約書が) 修正されていない」と答え、コピーを渡すことができないことを示唆している(B)が正解。この返答から、コピーを渡す前に契約書を手直しする必要があるという背景が読み取れる。They は contracts (契約書) を指す代名詞。

---

53. 正解 (A)　問題番号 平叙文：No. 2

(232) We'll need to look for an accountant to replace Martin.

Martin に代わる会計士を探し始める必要がありますね。

(A) We should contact an employment agency right away.

すぐに人材紹介所に連絡したほうがいいですね。

(B) Yes, it was a good event.

はい、それはとてもいいイベントでした。

(C) There are good places to visit.

訪れるのにいい場所があります。

語彙 □ **contact** 連絡をする
　　　 □ **employment agency** 人材紹介所

会計士であるMartinが職場を去り、その後任を探し始める必要があるという発言に対し、その後任を見つけるために、人材紹介所に連絡をすることを提案している(A)が正解。

54. 正解 (C) 問題番号 WH疑問文：No. 8

(233) Where should we assemble the shelf?

棚をどこに組み立てましょうか。

(A) We ordered it online.

私たちはオンラインでそれを注文しました。

(B) It lasted for two hours.

それは2時間続きました。

(C) Next to the door, please.

そのドアの隣にお願いします。

語彙 □ **last** 続く

作業員が棚を組み立てようとしている場面を想像しよう。ここでは、「どこに組み立てるべきか」と問われ、「ドアの隣に」と場所を指示している(C)が正解。

55. 正解 (B) 問題番号 付加疑問文 否定疑問文：No. 10

(234) Hasn't the missing data been found yet?

紛失したデータはまだ見つかってないのですか。

(A) I'll be done in five minutes.

5分後に終わります。

(B) Yes, Daisy's already entered it in the sales report.

見つかりました。Daisy が既に販売報告書に入力しました。

(C) Could you buy some envelopes?

封筒を買っていただけますか。

語彙　　□ **enter**　入力する

　　　　　□ **sales report**　販売報告書

　データが見つかったかどうかの問いに対し、直接的に Yes（見つかった）と答え、そのデータを販売報告書に入力し終えたことを伝えている (B) が正解。(A) は、何かのタスクが終わったかどうかの問いに対する返答であり、ここでは不適切。

56. 正解 (B)　問題番号 Yes/No 疑問文：No. 4

(235) Have you finished reading the annual report?

年次報告書を読み終わりましたか。

(A) She told me the title of the book.

彼女はその本のタイトルを私に教えてくれました。

(B) I haven't received it yet.

まだ受け取っていません。

(C) There is a bank on the corner.

角に銀行があります。

　年次報告書を読み終わったかどうか尋ねられ、そもそも受け取っていないので読めていないことを示唆している (B) が正解。(C) は銀行がある場所を答えているが、年次報告書を読み終えたかどうかとは無関係。

57. 正解 (C) 問題番号 依頼・許可・勧誘／提案・申し出：No. 15

(236) Would you like to go jogging with me tomorrow?

明日、一緒にジョギングしに行きませんか。

(A) Near the lake.

湖の近くです。

(B) It'll take one hour to go there.

そこに行くのに1時間かかります。

(C) The weather forecast said it's going to rain.

天気予報で雨が降ると言っていました。

語彙　□ **weather forecast** 天気予報

　ジョギングに誘われ、「天気予報で雨が降ると言っていた」と応答することで、ジョギングをするのは無理だと遠回しに伝えている (C) が正解。(A) は How about near the lake?（湖の近くはどうですか）なら、ジョギングをする場所を提案している応答となるが、Near the lake. では場所を伝えているだけなので不正解。

58. 正解 (A) 問題番号 WH 疑問文：No. 25

(237) Why do you subscribe to that magazine?

なぜその雑誌を定期購読しているのですか。

(A) Actually, my subscription expired last month.

実は、購読の契約は先月切れました。

(B) A twenty percent discount every month.

1ヶ月あたり20パーセント割引です。

(C) Sometime next week.

来週のどこかで。

雑誌の定期購読をしている理由を尋ねられたが、実際は契約が切れて、もう購読していない旨を伝えている(A)が正解。

59.　正解 (B)　問題番号 Yes/No 疑問文：No. 11

(238) Are you thinking about suggesting the expansion plan at the board meeting?

取締役会議で、拡張計画を提案する予定ですか。

(A) I think he deserves it.

彼はそれに値すると思います。

(B) Yes, that will be the main topic.

はい、それが主な話題となります。

(C) The Web site was updated last week.

先週、ウェブサイトは更新されました。

語彙　□ **deserve**　〜を受けるに値する
　　　　□ **update**　更新する

取締役会議で拡張計画を提案するかどうかを聞かれ、直接的に Yes と答え、それが取締役会議での主な話題になると説明している(B)が正解。(A)は「彼が賞をもらった／昇進した」などの連絡を受けた時の応答の仕方。

60. 正解 (C) 問題番号 選択疑問文：No. 6

(239) Did you agree with the contract, or request to revise it?

契約に同意したのですか、それとも訂正を求めたのですか。

(A) I'm sure you'll be fine.

あなたなら大丈夫だと確信しています。

(B) He resigned as vice president.

彼は副社長から退きました。

(C) All of the terms were acceptable to me.

全ての条件が私にとって受け入れることができるものでした。

語彙 □ **vice president** 副社長 □ **term** 条件
□ **acceptable** 受け入れることができる

　「契約に同意したのか、それとも訂正を求めたのか」と尋ねられ、契約に書かれた条件が好都合だったと伝えている(C)が正解。「受け入れることができた」ということは、つまり、「同意した」という遠回しの返答であると解釈できるかどうかがカギ。

問題を解きましょう。

61. Mark your answer on your answer sheet. ◀ (240)

62. Mark your answer on your answer sheet. ◀ (241)

63. Mark your answer on your answer sheet. ◀ (242)

64. Mark your answer on your answer sheet. ◀ (243)

65. Mark your answer on your answer sheet. ◀ (244)

66. Mark your answer on your answer sheet. ◀ (245)

67. Mark your answer on your answer sheet. ◀ (246)

68. Mark your answer on your answer sheet. ◀ (247)

69. Mark your answer on your answer sheet. ◀ (248)

70. Mark your answer on your answer sheet. ◀ (249)

解答

61	62	63	64	65	66	67	68	69	70
C	A	B	C	A	B	C	A	B	C

解説

61. 正解 (C) 問題番号 WH 疑問文：No. 6

(240) How many candidates applied for the secretary position?

何人の志願者が秘書の仕事に応募しましたか。

(A) I've never seen her before.

私は以前、彼女に会ったことはありません。

(B) That won't be necessary to prepare.

準備する必要はないでしょう。

(C) None so far.

今のところ一人もいません。

語彙 □ **none** 誰も〜ない

志願者の人数を尋ねているのに対し、誰も応募してきていないという旨を伝えている (C) が正解。How many 〜は「数」を問う時の表現。基本応答パターンとしては、「数字」で答えられることとあわせ、今回のように、none (1つも・誰も〜ない) と答えられることも覚えておこう。

62. 正解 (A) 問題番号 選択疑問文：No. 8

(241) Can we afford to remodel the office, or will we relocate?

オフィスを改装する資金的な余裕はありますか、それとも移転しますか。

(A) Which is less expensive?

どちらが費用がかかりませんか。

(B) They're pleased with the interior design.

彼らは内装のデザインに喜んでいます。

(C) I guess it won't fit.

それは合わないと思います。

語彙
□ **less** より少なく
□ **be pleased with ~** ~に喜ぶ

　オフィスの改装と移転のどちらが可能かを問われ、費用がかからない選択肢はどちらかを聞き返している(A)が正解。質問を質問で返す場合もあり、それも会話として成立するということを知っておこう。

63. 正解 (B) 問題番号 依頼・許可・勧誘／提案・申し出：No. 9

(242) Why don't you join us for dinner tonight?

今夜、私たちと夕食に行きませんか。

(A) Be sure to wear a jacket.

必ずジャケットを着てください。

(B) Sure. When are you leaving?

もちろん。いつ出発しますか。

(C) I'm sorry I'm late.

遅れてすみません。

語彙 □ **be sure to ～** 必ず～してください

夕食を誘われてSure.と直接的な返答をし、何時に出発するかを尋ねている(B)が正解。(C)は遅れて謝っている発言だが、夕食の誘いを受けた時の応答としては成立せず、夕食会に遅れた時に発する言葉。

64. 正解 (C) 問題番号 WH 疑問文：No. 22

(243) What do you think of the new company logo?

会社の新しいロゴをどう思いますか。

(A) I took the train this morning.

今朝、電車に乗りました。

(B) We're ordering some new furniture.

私たちは、新しい家具を注文します。

(C) I haven't seen it yet.

まだ見ていません。

新しいロゴの感想を聞かれ、「まだ見ていない」と応答し、感想を述べられない理由を伝えている(C)が正解。

65. 正解 (A)　問題番号 Yes/No 疑問文：No. 1

(244) Do you know when our flight will arrive in Shanghai?

私たちの飛行機は上海にいつ到着するか知っていますか。

(A) Jessica is making our travel arrangements.

Jessica が私たちの出張の手配をしてくれています。

(B) It was a very short message.

それはとても短いメッセージでした。

(C) We'll stay for two days.

私たちは2日間滞在する予定です。

語彙　□ **arrangement**　手配

　飛行機の到着時間を知っているかを尋ねられ、Jessica が出張の手配をしてくれていると答えている (A) が正解。出張の手配には飛行機の予約も含まれるため、それらの手配をしてくれている Jessica に聞くことを暗に勧めている。

66. 正解 (B)　問題番号 平叙文：No. 4

(245) I'm afraid there's no parking lot at our facility.

申し訳ありませんが当施設には駐車場がございません。

(A) It's a very beautiful park.

そこはとても美しい公園です。

(B) I don't have a car, anyway.

どちらにせよ、車は持っていません。

(C) No problem, it's free.

問題ありません、それは無料です。

語彙 □ **anyway** いずれにせよ

ある施設のスタッフが「駐車場がない」と客に説明する場面を想像しよう。「車を持ってない」と返答し、駐車場がないことは問題ではないということを遠回しに伝えている (B) が正解。

---

67. **正解 (C)** **問題番号** 依頼・許可・勧誘／提案・申し出：No. 20

(246) Would you like me to book a booth for the trade show?

展示会のブースを予約しましょうか。

(A) Many paintings will be displayed.

多くの絵画が展示されます。

(B) The story was fantastic.

その物語は素晴らしかったです。

(C) Oh, we did it yesterday.

あぁ、昨日、予約しましたよ。

語彙 □ **painting** 絵画 □ **display** 展示する

展示会のブースの予約をすることを申し出ているが、既に予約をしたのでその必要がない旨を伝えている (C) が正解。we did it は直訳すると「私たちはそれをしました」となり、「それ」というのは「予約」を意味する。

68. 正解 (A)　問題番号 WH 疑問文：No. 29

(247) When is the garden scheduled to open to the public?

その庭園はいつ一般に公開される予定ですか。

(A) I visited it last week.

先週、そこを訪れましたよ。

(B) That's a great idea.

それはとてもいいアイディアですね。

(C) Can you install the software?

ソフトフェアをインストールしていただけますか。

語彙　□ **install**　インストールする

庭園の公開日を問われ、「先週庭園を訪れた」と答えることで、「もう公開されている」ということを暗に意味している (A) が正解。When に対して、last week のような「時を表す語句」で応答するのは基本応答パターン。

69. 正解 (B)　問題番号 付加疑問文 否定疑問文：No. 8

(248) Didn't you distribute any handouts at the meeting?

ミーティングで資料を配らなかったのですか。

(A) Both of them are very informative.

両方ともとても有益な情報です。

(B) I'm sending them to the attendees by e-mail later.

あとでメールで出席者に送るつもりです。

(C) She's been very busy this week.

今週、彼女はとても忙しいです。

語彙　□ **informative**　有益な

　　　　□ **attendee**　出席者

　ミーティングで配るはずの資料が配られておらず、その理由を問われ、「メールで出席者に送るつもりだ」と理由を説明している(B)が正解。「忙しかったから」のような応答であれば正解になりそうだが、(C)の「彼女」は誰か不明であり、「今週忙しい」という理由では、資料を配らなかった正当な理由にならない。

70. 　**正解 (C)**　**問題番号 Yes/No 疑問文：No. 18**

(249) Did Helen replace the light bulbs yesterday?

昨日、Helen は電球を取り替えましたか。

(A) To get the right form.

正しい用紙を手に入れるために。

(B) The building is very old.

その建物はとても古いです。

(C) Yes, she changed all of them.

はい、彼女は全部交換しました。

　Helen が電球を取り替えたかどうかを聞かれ、Yes と答えている(C)が正解。all of them は全ての電球を意味している。

問題を解きましょう。

71. Mark your answer on your answer sheet.　(250)

72. Mark your answer on your answer sheet.　(251)

73. Mark your answer on your answer sheet.　(252)

74. Mark your answer on your answer sheet.　(253)

75. Mark your answer on your answer sheet.　(254)

76. Mark your answer on your answer sheet.　(255)

77. Mark your answer on your answer sheet.　(256)

78. Mark your answer on your answer sheet.　(257)

79. Mark your answer on your answer sheet.　(258)

80. Mark your answer on your answer sheet.　(259)

解答

71	72	73	74	75	76	77	78	79	80
C	A	B	A	B	C	B	A	C	C

解説

71. 正解 (C) 問題番号 WH疑問文：No. 12

(250) Why was the budget meeting postponed?

なぜ予算会議が延期になったのですか。

(A) The new machinery was expensive.
新しい機械は高額でした。

(B) Yes, it depends on the weather.
はい、天気によります。

(C) Some of the data isn't ready yet.
いくつかデータがまだ準備できていません。

語彙 □ **depend on ～** ～による

予算会議が延長になった理由を問われ、「データがまだ準備できてない」と伝えている (C) が正解。データが揃わないと予算会議ができないという状況が想像できる。WH疑問文の応答はYesでは返答できないため (B) は即消去しよう。

72. 正解 (A) 問題番号 Yes/No疑問文：No. 5

(251) Does your company have factories overseas?

御社は海外に工場を持っていますか。

(A) We only have one in China.
中国に1つだけあります。

(B) They were restocked last month.

先月、それらは補充されました。

(C) For three years.

3年間です。

✕ 語彙 □ **restock** 補充する

　海外に工場を持っているかと聞かれ、「中国に1つだけ持っている」と直接的に答えている(A)が正解。one は factory を意味する。

73. 　正解 (B)　　問題番号　依頼・許可・勧誘／提案・申し出：No. 5

(252) Let's take a look at the sample materials from our supplier.

サプライヤーからのサンプル素材を見てみましょう。

(A) It was very easy to make it.

それを作るのはとても簡単でした。

(B) Did they already send them to us?

もう彼らは私たちに送ってきたのですか。

(C) They offer art classes at night.

彼らは夜に美術教室を提供しています。

✕ 語彙 □ **supplier** 供給会社

　サンプル素材を見てみることを提案され、「もうサンプル素材を送ってきたのですか」と驚き気味に聞き返している(B)が正解。サンプル素材がこんなに早く届くと思っていなかったという応答者の気持ちが伝わってくる。

74. 正解 (A)　問題番号 WH 疑問文：No. 16

(253) What's the best way to get to the airport?

空港に行くのに一番いい方法は何ですか。

(A) We offer a free shuttle bus service.

無料のシャトルバスサービスを提供しています。

(B) In about two hours.

約2時間後です。

(C) The presentation was a success.

プレゼンテーションは成功しました。

　ホテルスタッフと宿泊客のやり取りを想像しよう。空港に向かう必要のある宿泊客が、空港へ行く手段を尋ねたのに対し、「(私たちのホテルは) 無料のシャトルバスサービスを提供している」と、シャトルバスで空港に行けることを伝えている(A)が正解。

75. 正解 (B)　問題番号 WH 疑問文：No. 15

(254) Where can I pick up that brochure you have?

あなたが持っているパンフレットはどこで手に入りますか。

(A) From Tuesday to Friday.

火曜から金曜です。

(B) I've got an extra one.

余分にもらっておきました。

(C) Emma will pick you up at the station.

Emma があなたを駅に迎えに行きます。

語彙　□ **extra**　余分な
　　　　□ **pick～ up**　～を迎えに行く

　パンフレットが入手できる場所を尋ねているため、「パンフレットが欲しい」という質問者の気持ちが伝わってくる。その気持ちを汲んで、「余分にもらっておいた」と応答することで、相手の分のパンフレットもあることを暗に伝えている(B)が正解。

76. 正解 (C) 問題番号 平叙文：No. 6

(255) These packages will be sent by express mail.
　　 これらの小包を速達でお送りいたします。

(A) Because she doesn't have enough time.
　　 なぜなら彼女は十分な時間がないからです。

(B) No, I'm not tired.
　　 いいえ、私は疲れていません。

(C) When will I receive them?
　　 いつそれらを受け取ることになりますか。

　小包を速達で送ると言われ、「いつその小包を受け取れるか」と聞き返している(C)が正解。配達にかかる日数が気になっている様子がわかる。(A)のBecauseから始まる応答は、Whyと聞かれた時の返答の仕方。

77. 正解 (B) 問題番号 付加疑問文 否定疑問文：No. 2

(256) Don't you have your smartphone today?

今日、スマートフォンを持っていないのですか。

- (A) Shipping is always in the morning.

  発送はいつも午前中です。

- (B) Oh, I left it in the conference room.

  あぁ、会議室に置いてきてしまいました。

- (C) There are some batteries in the box.

  その箱の中に電池がいくつかあります。

語彙 □ **shipping** 発送

　相手がスマートフォンを持っていないことに気づき、「今日、スマートフォンを持っていないのですか」と尋ねた相手に対し、「会議室に置いてきてしまった」と、置き忘れたことに気づいた様子の (B) が正解。

78. 正解 (A) 問題番号 依頼・許可・勧誘／提案・申し出：No. 7

(257) Would you mind checking to see if this sweater is still in stock?

このセーターがまだ在庫があるかどうか確認していただけますか。

- (A) Sure, no problem.

  もちろんです、問題ありません。

- (B) They're painted black.

  それらは黒く塗られています。

- (C) Thank you for calling me back.

  折り返しのお電話ありがとうございます。

語彙　□ **paint**　塗る

　在庫の確認を依頼され、ここでは直接的にSure, no prob-lem. (もちろんです、問題ありません) と返答している (A) が正解。何かを依頼されて、Sureと応答するのは基本返答パターン。

79.　正解 (C)　問題番号　Yes/No 疑問文：No. 3

(258) Are you going to lead the workshop tomorrow?
　明日、あなたが研修を担当するのですか。

(A) Every two weeks.
　　2週間ごとです。

(B) No, he is a famous designer.
　　いいえ、彼は有名なデザイナーです。

(C) Lisa's going to take my place.
　　Lisaが私の代わりを務めます。

語彙　□ **take one's place**　〜の代わりをする

　研修を担当するかどうかを聞かれ、自分の代わりにLisaが担当すると伝えている (C) が正解。take one's placeは「〜の代わりをする」という表現。(B) は、Noという返答は成立するが、その後の文が質問とマッチしない。

80. 正解 (C)　問題番号 選択疑問文：No. 10

(259) Should we advertise for volunteers in a magazine or on a recruiting site?

ボランティアを雑誌で募集しますか、それとも求人サイトで募集しますか。

(A) Whenever you are available.

あなたが都合がつく時ならいつでも。

(B) I bought a recipe book.

私はレシピ本を買いました。

(C) We already have enough volunteers.

私たちには既に十分なボランティアがいます。

語彙　□ **whenever** ～する時はいつでも

　ボランティアの求人を載せる場所について2択で尋ねている。それに対し、そもそも十分な数のボランティアがいるため募集する必要がないと伝えている (C) が正解。

問題を解きましょう。

81. Mark your answer on your answer sheet. ◀260

82. Mark your answer on your answer sheet. ◀261

83. Mark your answer on your answer sheet. ◀262

84. Mark your answer on your answer sheet. ◀263

85. Mark your answer on your answer sheet. ◀264

86. Mark your answer on your answer sheet. ◀265

87. Mark your answer on your answer sheet. ◀266

88. Mark your answer on your answer sheet. ◀267

89. Mark your answer on your answer sheet. ◀268

90. Mark your answer on your answer sheet. ◀269

解答

81	82	83	84	85	86	87	88	89	90
C	A	B	A	C	B	B	A	C	B

解説

81. 正解 (C) 問題番号 Yes/No 疑問文：No. 9

(260) Will Ms. Porter have a checkup at three o'clock?

Porter さんは3時に健康診断を受ける予定ですか。

(A) The waiting room is over there.

待合室は向こうです。

(B) They'll be ready tomorrow.

明日、それらは準備できます。

(C) She canceled the appointment yesterday.

昨日、彼女はその予約をキャンセルしました。

　病院でのスタッフ同士のやり取りを想像しよう。患者であるPorterさんが健康診断を3時に受けるのかどうかと尋ねている。それに対し、Porterさんは健康診断の予約をキャンセルしたと伝えている(C)が正解。

82. 正解 (A) 問題番号 WH 疑問文：No. 28

(261) What kind of clothes should we wear to the ceremony?

私たちは、その式典へはどんな服を着ていくべきですか。

(A) You should wear formal attire.

フォーマルな服を着用してください。

(B) They're having a sale this weekend.

今週末、彼らはセールをします。

(C) There are some brochures on the desk.

机の上に何冊かパンフレットがあります。

> ✕ 語彙　□ **formal attire**　フォーマルな服装
> 　　　　□ **brochure**　パンフレット

　式典での服装を問われ、「フォーマルな服を」と返答している (A) が正解。(C) はパンフレットについて述べられているが、式典での服装規定がパンフレットに書かれているとは想像しにくく、無関係の応答だと判断するのが普通。

83.　正解 (B)　問題番号 選択疑問文：No. 9

(262) Would you like to dine inside or on the patio?

🇨🇦
🇺🇸　屋内でお食事したいですか、それともテラス席がいいですか。

(A) Many people joined the event.

多くの人がそのイベントに参加しました。

(B) It's a bit windy outside.

外は少し風が強いですね。

(C) Their healthy meals are very popular.

彼らの健康的な食事がとても人気です。

> ✕ 語彙　□ **windy**　風の強い

　食事をする場所を問われ、「外は少し風が強い」と応答することで、「屋内の方がいい」と遠回しに伝えている (B) が正解。

84. 正解 (A) 問題番号 付加疑問文 否定疑問文：No. 4

(263) Isn't the store open until ten P.M.?

そのお店は夜10時まで開いているのではないですか。

(A) It closes earlier on weekdays.

平日は早く店が閉まります。

(B) This building has five floors.

この建物は5階建てです。

(C) To receive some packages.

荷物を受け取るためです。

語彙 □ **floor** 階

　店が閉じる時間について聞かれ、「平日は店が早く閉まる」と応答している(A)が正解。10時まで店が開いていると思っていた相手に、早く閉まる理由を伝えている。(C)のto不定詞を用いた応答は、Whyに対する応答の仕方。

85. 正解 (C) 問題番号 依頼・許可・勧誘／提案・申し出：No. 4

(264) Can I help you carry your luggage?

荷物を運ぶのを手伝いましょうか。

(A) By express train.

急行列車で。

(B) Sure, help yourself.

もちろん、ご自由にどうぞ。

(C) I think I can manage on my own.

自分でなんとかできると思います。

語彙 □ **manage** なんとかやり遂げる

荷物を運ぶ手伝いの申し出を受け、「自分でなんとかできる」と、手伝いが不要なことを遠回しに伝えている(C)が正解。(B)は来客などの相手に、自由に飲み食いすることを勧める時のフレーズであるため、依頼の申し出を受けた時の応答としてはふさわしくない。

86. 正解 (B) 問題番号 Yes/No 疑問文：No. 8

(265) Have the new items been added to the menu?

新しい内容がメニューに加わったのですか。

(A) Yes, she is one of my customers.

はい、彼女は私のお客の1人です。

(B) We expanded our dinner selections.

ディナーのメニューを増やしました。

(C) You can get the coupon online.

オンラインでクーポンが手に入ります。

語彙 □ **expand** 展開する

新しい内容がメニューに加わったかと問われ、ディナーのメニューを増やしたと答えることで、新しいものがメニューに加わった旨を伝えている(B)が正解。(A)のYesという応答は成立するが、その後の内容は質問の回答としてマッチしていない。

87. 正解 (B) 問題番号 WH疑問文：No. 10

(266) When will our new ad campaign be launched?

🍁🇺🇸 我々の新しい広告キャンペーンはいつ始まりますか。

(A) He met some reporters after the meeting.

彼はミーティングの後にレポーターに会いました。

(B) I don't think it's been announced.

発表されていないと思います。

(C) They are repairing the equipment.

彼らは機器を修理しています。

❌ 語彙　　□ **announce**　発表する
　　　　　□ **equipment**　機器

　新しい広告キャンペーンが始まる時期を聞かれ、まだその時期が発表されていないことを伝えている(B)が正解。キャンペーンの時期は自分たちで決めるのではなく、発表待ちである状況がわかる。

88. 正解 (A) 問題番号 依頼・許可・勧誘／提案・申し出：No. 16

(267) Could you tell me why the shipment was late?

🇬🇧🍁 なぜ出荷が遅れたのか教えていただけますか。

(A) Davis was in charge of that.

Davis がそれを担当しました。

(B) There is a 20-minute break during the session.

そのセッションでは20分の休憩があります。

(C) I'm sorry to hear that.

それを聞いて残念に思います。

語彙 □ **in charge of ～** ～を担当する

出荷が遅れた理由を尋ねられ、Davisが出荷の担当だったと説明している(A)が正解。自分が担当ではなく状況がわからないので、Davisに聞くほうがいいと暗に提案している。(C)は残念なお知らせを聞いた時の応答であり、理由を聞かれた時の応答の仕方ではない。

89. 正解 (C) 問題番号 平叙文：No. 9

(268) The elevator doesn't seem to be working.

エレベーターが動いていないようです。

(A) We'll hire some temporary staff.

私たちは臨時スタッフを雇うつもりです。

(B) Please take a break.

休憩を取ってください。

(C) There are stairs near the entrance.

入り口の近くに階段があります。

語彙 □ **hire** 雇う □ **temporary** 一時的な
□ **stairs** 階段

エレベーターが動いていないと発言する相手に対し、階段のある場所を伝え、階段を使うことを暗に勧めている(C)が正解。

90. 正解 (B) 　問題番号 WH 疑問文：No. 26

(269) How can we reduce our utility bills?

🇺🇸 どうしたら私たちは公共料金を減らすことができますか。
🇨🇦

(A) The sale will end at the end of the week.

セールは週末で終わります。

(B) How about installing a solar panel?

ソーラーパネルを設置するのはどうですか。

(C) I don't agree with this idea.

このアイディアには賛成できません。

❌ 語彙　　□ **install**　設置する

　公共料金を減らす方法を尋ねられ、その方法としてソーラーパネルの設置を提案している(B)が正解。ソーラーパネルを導入することで電気代を浮かすことができると考えているのがわかる。

仕上げの問題演習 91–100

問題を解きましょう。

91. Mark your answer on your answer sheet. (270)

92. Mark your answer on your answer sheet. (271)

93. Mark your answer on your answer sheet. (272)

94. Mark your answer on your answer sheet. (273)

95. Mark your answer on your answer sheet. (274)

96. Mark your answer on your answer sheet. (275)

97. Mark your answer on your answer sheet. (276)

98. Mark your answer on your answer sheet. (277)

99. Mark your answer on your answer sheet. (278)

100. Mark your answer on your answer sheet. (279)

解答

91	92	93	94	95	96	97	98	99	100
A	B	B	C	A	B	C	A	C	B

解説

91. 正解 (A) 問題番号 WH疑問文：No. 30

(270) Who did you go to the seminar with?

🇬🇧🇺🇸 あなたは誰とセミナーに行きましたか。

(A) Members of the sales team.
販売チームのメンバーとです。

(B) It's conveniently located.
便利な場所に位置しています。

(C) I can find it for you.
私が探してあげますよ。

語彙
□ **conveniently** 便利に
□ **located** 位置して

　一緒にセミナーに行った相手を尋ねている。その応答として、「販売チームのメンバーと」と返答している(A)が正解。Whoの問いに対して、部署やチームの名前で答えるのはよくある基本応答パターン。

92. 正解 (B) 問題番号 Yes/No疑問文：No. 19

(271) Are there any stores selling refreshments around here?

🇺🇸🇬🇧 この辺に軽食を売っているお店はありますか。

(A) Because I'm very hungry.

なぜなら私はとてもお腹が空いているからです。

(B) I think all the stores are closed at night.

夜は全てのお店が閉まっていると思います。

(C) Could you ask Rick to send it?

Rick にそれを送るようにお願いできますか。

軽食が買える店があるかどうかを尋ねられ、「夜は全ての店が閉まっていると思う」と答えている (B) が正解。会話をしているのは夜の時間帯だと想像できる。(A) の Because は、Why と聞かれた時の応答の仕方。

---

93. 正解 (B) 問題番号 依頼・許可・勧誘／提案・申し出：No. 14

(272) Would you like me to update the Web site?

ウェブサイトを更新しましょうか。

(A) I've already read this article.

私はこの記事を既に読みました。

(B) Please include our new address on it.

我々の新しい住所を載せてください。

(C) On the bulletin board.

掲示板の上に。

語彙　□ **article** 記事　□ **include** 含む
□ **bulletin board** 掲示板

ウェブサイトを更新することを申し出ている相手に対し、更新する際に、新しい住所をウェブサイトに載せるように指示している (B) が正解。it は Web site を指している。

94. 正解 (C)　問題番号 平叙文：No. 7

(273) Sales of our lightweight suitcases have
increased.

私たちの軽量スーツケースの売上が増加しています。

(A) We are glad to meet you again.

私たちはまたあなたにお会いできて嬉しいです。

(B) Why don't you try it on first?

まず試着してみてはどうですか。

(C) They are very popular with business
travelers.

それらは、出張する人たちにとても人気があります。

語彙　□ **try ～ on**　～を試着する

　軽量スーツケースの売上の増加を伝えてきた相手に対し、その軽量スーツケースが出張する人たちに人気があるという説明をしている (C) が正解。

95. 正解 (A)　問題番号 WH 疑問文：No. 17

(274) When will the board make an announcement
about the merger?

いつ取締役会は合併について発表するのですか。

(A) At the shareholder meeting next week.

来週の株主総会で。

(B) There's a truck parked across the street.

通りの向かいに停められたトラックがあります。

(C) I have a training session to attend.

参加しなければいけないトレーニングセッションがあります。

■ 語彙　□ **shareholder** 株主

　合併について発表する時期を聞かれ、「来週の株主総会で（発表します）」と直接的にいつ発表するのかを答えている (A) が正解。When と尋ねられた時、next week のような「時を表す語句」を用いるのは基本応答パターン。

96. 　正解 (B)　問題番号　依頼・許可・勧誘／提案・申し出：No. 19

(275) Shall I put up the notice in the break room?

休憩室に案内を貼りましょうか。

(A) I can't make it to the party.

パーティーに間に合いません。

(B) How about in the company cafeteria?

社員食堂はどうですか。

(C) You can use your own laptop there.

あなたのノートパソコンをそこで使えます。

■ 語彙　□ **make it to ~** ~に間に合う

　案内を休憩室に貼るという提案に対し、「社員食堂はどうですか」と相手の提案とは異なる提案をしている (B) が正解。暗に「休憩室ではなく、社員食堂の方が案内を貼る場所として適しているのでは？」と伝えているのがわかる。

97. 正解 (C) 問題番号 選択疑問文：No. 3

(276) Is Ms. White going to leave tomorrow, or stay here for a few more days?

White さんは明日出発する予定ですか、それとも数日ここに滞在する予定ですか。

(A) The project will go over budget.

そのプロジェクトは予算を超えます。

(B) I need to attend a conference the next day.

次の日、私は会議に出席する必要があります。

(C) She'll be here until next week.

彼女は来週までここにいます。

語彙 □ **go over ～** ～を超える □ **budget** 予算

White さんの予定を聞かれ、「来週までここにいる」と返答している (C) が正解。(B) は自分が翌日に会議に出ることと White さんの予定は関係ないので、ここでは返答として成り立たない。

98. 正解 (A) 問題番号 WH 疑問文：No. 5

(277) Why did Mr. Stephane resign from the company?

なぜ Stephane さんは会社を辞めたのですか。

(A) I heard he was transferred abroad.

彼は外国へ転勤したと聞きました。

(B) Be sure to lock the door when you leave.

出発する時に必ずドアに鍵をかけてください。

(C) That's what they told me.

そう彼らは私に言いました。

⊠語彙　□ **transfer** 転勤させる

　　　　□ **be sure to 〜** 必ず〜してください

　Stephaneさんが会社を辞めた理由を聞かれ、「彼は外国へ転勤したと聞いた」と答えている（A）が正解。「会社を辞めた」と相手が勘違いしている可能性があることを相手に示唆している。

99.　正解 (C)　問題番号 Yes/No 疑問文：No. 14

(278) Were there any calls while I was out?

　私が外出中に電話はありましたか。

(A) He got a lot of questions at the session.

　彼はその集まりで多くの質問を受けました。

(B) It was a bit cold yesterday.

　昨日は少し寒かったです。

(C) I was in meetings all day.

　私は一日中、ミーティングでした。

⊠語彙　□ **all day** 一日中

　外出中に、自分宛の電話があったかどうかと尋ねられ、「一日中ミーティングだった」という返答をして、暗に「ミーティングで席を外していたのでわからない」ということを伝えている（C）が正解。

100. 正解 (B) 問題番号 付加疑問文 否定疑問文：No. 1

(279) The conference room is big enough for ten
people, isn't it?

その会議室は10人には十分な広さですよね。

(A) We need to improve our customer service.

私たちは顧客サービスを向上させなければいけません。

(B) I've never used the room before.

その部屋を使ったことがありません。

(C) How much is each table and chair?

それぞれ机と椅子はいくらですか。

語彙　□ **improve**　向上させる

　会議室が十分な広さかどうかを聞かれ、「使ったことがな
い」と答えることで、遠回しに「どのくらいの広さかわからな
い」と伝えている(B)が正解。(A)は、会議室の広さと顧客サ
ービスを向上させることの関係性が見えないため、応答とし
て成り立っていない。

1.

質問文 Are you planning to rent an apartment or buy a house?

応答文 I just got the key from my landlord yesterday.

2.

質問文 Why don't we interview these candidates together?

応答文 Can you book a meeting room for it?

3.

質問文 What topics were covered in the morning session?

応答文 Our manager explained the new safety regulations.

4.

質問文 Are you going to hire a caterer for Adam's retirement party?

応答文 Do you have any recommendations?

5.

質問文 Our manager has approved the budget for the new computers, hasn't he?

応答文 Yes, I'm placing an order next week.

6.

質問文 Who will lead the product demonstration tomorrow?

応答文 It's been postponed.

7.

質問文 Have the tickets already sold out?

応答文 Let me check the database.

8.

質問文 Can you register the customers' profiles?

応答文 I don't know how to do that.

9.

質問文 How much will it cost to repair the machine?

応答文 It's still under warranty.

10.

質問文 I'm wondering if I can take the day off on Friday.

応答文 You'd better tell the manager immediately.

11.

質問文 Can I help edit the promotional video?

応答文 Thanks, but do you have editing software?

12.

質問文 Will your customer drop by the office?

応答文 Yes, at two o'clock today.

13.

質問文 Why aren't the new employees in the office?

応答文 I'm not sure, I just arrived.

14.

質問文 How about inviting an author to our bookstore?

応答文 It might be a good way to promote books.

15.

質問文 Was the headquarters relocated to New York?

応答文 We're looking for an appropriate site now.

16.

質問文 The warranty will cover the repair, won't it?

応答文 I'm afraid it's already expired.

17.

質問文 What are the requirements for the position?

応答文 They're all on the company Web site.

18.

質問文 I can't decide which projector to buy.

応答文 We've already used up our budget.

19.

質問文 Does Mari subscribe to the printed version of the magazine or the online version?

応答文 I heard she signed up for both.

20.

質問文 Who's responsible for organizing the monthly luncheon?

応答文 Jason is taking care of it.

21.

質問文 Have the product samples been shipped yet?

応答文 You'll receive them this afternoon.

22.

質問文 Haven't you worked with Walter in the human resources department?

応答文 I know of him, but I've never met him.

23.

質問文 The train to Sydney has already left.

応答文 Did the timetable change?

24.

質問文 When did you submit the evaluation sheet?

応答文 A week ago.

25.

質問文 Will you send the contract by express mail or ordinary mail?

応答文 I'd like for it to arrive by tomorrow.

26.

質問文 Who was assigned as the trainer?

応答文 It hasn't been decided yet.

27.

質問文 Would you ask Maria if she can train the interns on Monday?

応答文 OK, I'll contact her right away.

28.

質問文 Where are the office supplies stored?

応答文 You should ask my assistant.

29.

質問文 Do we need to take the boxes into the warehouse?

応答文 The night shift workers will take care of it.

30.

質問文 Do you mind if I use your stapler?

応答文 Check in the second drawer from the top.

31.

質問文 Mr. Miller delivered an excellent speech, didn't he?

応答文 He has a lot of experience as a speaker.

32.

質問文 Which hotel did you stay at during your business trip?

応答文 I stayed at the Marizon Hotel for the first time.

33.

質問文 Will Mr. Baker be in time for the press conference?

応答文 Traffic is really heavy today.

34.

質問文 Where is the gym located in this hotel?

応答文 Just go upstairs.

35.

質問文 Did your team complete the product testing yesterday?

応答文 Everything was done on schedule.

36.

質問文 Who should I give the expense report to?

応答文 You can submit it online.

37.

質問文 Kelly seems familiar with plants.

応答文 She's an expert at gardening.

38.

質問文 Could you keep the window open?

応答文 Don't you think it's noisy outside?

39.

質問文 Do you drive to work or commute by train?

応答文 I live just a short walk away from the office.

40.

質問文 Would it be possible to extend the deadline?

応答文 When can you submit the report?

41.

質問文 How did your presentation go yesterday?

応答文 We rescheduled it to next week.

42.

質問文 May I leave my bag here for a moment?

応答文 OK, I'll keep an eye on it.

43.

質問文 Where can we get a parking permit?

応答文 They'll be distributed next Monday.

44.

質問文 Did you send the invitations for the award ceremony?

応答文 I asked Allen to do that.

45.

質問文 These are a new line of shoes, aren't they?

応答文 They're a previous model from last year.

46.

質問文　Do you mind if I take this seat?

応答文　Not at all.

47.

質問文　When are you supposed to go on your business trip?

応答文　The schedule is being revised.

48.

質問文　Should I place these packages in the storage room or in the closet?

応答文　In the storage room is fine.

49.

質問文　Has the new accounting manager been appointed?

応答文　I haven't heard anything yet.

50.

質問文　I'd like you to go over the proposal before the meeting.

応答文　Sorry, I'm leaving the office in five minutes.

51.

質問文 Which branch will Mr. Lopes transfer to?

応答文 Oh, I thought he retired last year.

52.

質問文 Can I get copies of the contracts?

応答文 They haven't been revised yet.

53.

質問文 We'll need to look for an accountant to replace Martin.

応答文 We should contact an employment agency right away.

54.

質問文 Where should we assemble the shelf?

応答文 Next to the door, please.

55.

質問文 Hasn't the missing data been found yet?

応答文 Yes, Daisy's already entered it in the sales report.

56.

質問文 Have you finished reading the annual report?

応答文 I haven't received it yet.

57.

質問文 Would you like to go jogging with me tomorrow?

応答文 The weather forecast said it's going to rain.

58.

質問文 Why do you subscribe to that magazine?

応答文 Actually, my subscription expired last month.

59.

質問文 Are you thinking about suggesting the expansion plan at the board meeting?

応答文 Yes, that will be the main topic.

60.

質問文 Did you agree with the contract, or request to revise it?

応答文 All of the terms were acceptable to me.

61.

質問文 How many candidates applied for the secretary position?

応答文 None so far.

62.

質問文 Can we afford to remodel the office, or will we relocate?

応答文 Which is less expensive?

63.

質問文 Why don't you join us for dinner tonight?

応答文 Sure. When are you leaving?

64.

質問文 What do you think of the new company logo?

応答文 I haven't seen it yet.

65.

質問文 Do you know when our flight will arrive in Shanghai?

応答文 Jessica is making our travel arrangements.

66.

質問文 I'm afraid there's no parking lot at our facility.

応答文 I don't have a car, anyway.

67.

質問文 Would you like me to book a booth for the trade show?

応答文 Oh, we did it yesterday.

68.

質問文 When is the garden scheduled to open to the public?

応答文 I visited it last week.

69.

質問文 Didn't you distribute any handouts at the meeting?

応答文 I'm sending them to the attendees by e-mail later.

70.

質問文 Did Helen replace the light bulbs yesterday?

応答文 Yes, she changed all of them.

71.

質問文 Why was the budget meeting postponed?

応答文 Some of the data isn't ready yet.

72.

質問文 Does your company have factories overseas?

応答文 We only have one in China.

73.

質問文 Let's take a look at the sample materials from our supplier.

応答文 Did they already send them to us?

74.

質問文 What's the best way to get to the airport?

応答文 We offer a free shuttle bus service.

75.

質問文 Where can I pick up that brochure you have?

応答文 I've got an extra one.

76.

質問文 These packages will be sent by express mail.

応答文 When will I receive them?

77.

質問文 Don't you have your smartphone today?

応答文 Oh, I left it in the conference room.

78.

質問文 Would you mind checking to see if this sweater is still in stock?

応答文 Sure, no problem.

79.

質問文 Are you going to lead the workshop tomorrow?

応答文 Lisa's going to take my place.

80.

質問文 Should we advertise for volunteers in a magazine or on a recruiting site?

応答文 We already have enough volunteers.

81.

質問文 Will Ms. Porter have a checkup at three o'clock?

応答文 She canceled the appointment yesterday.

82.

質問文 What kind of clothes should we wear to the ceremony?

応答文 You should wear formal attire.

83.

質問文 Would you like to dine inside or on the patio?

応答文 It's a bit windy outside.

84.

質問文 Isn't the store open until ten P.M.?

応答文 It closes earlier on weekdays.

85.

質問文 Can I help you carry your luggage?

応答文 I think I can manage on my own.

86.

質問文 Have the new items been added to the menu?

応答文 We expanded our dinner selections.

87.

質問文 When will our new ad campaign be launched?

応答文 I don't think it's been announced.

88.

質問文 Could you tell me why the shipment was late?

応答文 Davis was in charge of that.

89.

質問文 The elevator doesn't seem to be working.

応答文 There are stairs near the entrance.

90.

質問文 How can we reduce our utility bills?

応答文 How about installing a solar panel?

91.

質問文 Who did you go to the seminar with?

応答文 Members of the sales team.

92.

質問文 Are there any stores selling refreshments around here?

応答文 I think all the stores are closed at night.

93.

質問文 Would you like me to update the Web site?

応答文 Please include our new address on it.

94.

質問文 Sales of our lightweight suitcases have increased.

応答文 They are very popular with business travelers.

95.

質問文 When will the board make an announcement about the merger?

応答文 At the shareholder meeting next week.

96.

質問文 Shall I put up the notice in the break room?

応答文 How about in the company cafeteria?

97.

質問文 Is Ms. White going to leave tomorrow, or stay here for a few more days?

応答文 She'll be here until next week.

98.

質問文 Why did Mr. Stephane resign from the company?

応答文 I heard he was transferred abroad.

99.

質問文 Were there any calls while I was out?

応答文 I was in meetings all day.

100.

質問文 The conference room is big enough for ten people, isn't it?

応答文 I've never used the room before.

著者紹介

駒井 亜紀子 （こまい あきこ）

神田外語学院講師。TOEIC® L&R TEST 990点（満点）、英検1級。外資系企業勤務を経て、英語講師へと転身。現在は学生や社会人を対象に、主にTOEIC対策の指導をしている。一切無駄がなく工夫された講義展開で、学習習慣が身につくきめ細やかな指導に定評があり、大幅なスコアアップを多数実現させている。結果を出す事に執着し、そのプロセスに妥協はしない。趣味は運動全般（ジョギング頑張り中）。好きな食べ物はお肉とソフトクリーム。

TOEIC® L&R TEST 200問音読特急
瞬発力をつける

2023 年 9 月 30 日　第 1 刷発行

著　者	駒井 亜紀子
発行者	宇都宮 健太朗
装　丁	川原田 良一
本文デザイン	コントヨコ
イラスト	cawa-j ☆ かわじ
印刷所	大日本印刷株式会社
発行所	朝日新聞出版

〒 104 - 8011　東京都中央区築地 5 - 3 - 2
電話 03 - 5541 - 8814（編集）　03 - 5540 - 7793（販売）
© 2023 Akiko Komai
Published in Japan by Asahi Shimbun Publications Inc.
ISBN 978-4-02-332296-7
定価はカバーに表示してあります。
落丁・乱丁の場合は弊社業務部（電話 03-5540-7800）へご連絡ください。
送料弊社負担にてお取り替えいたします。